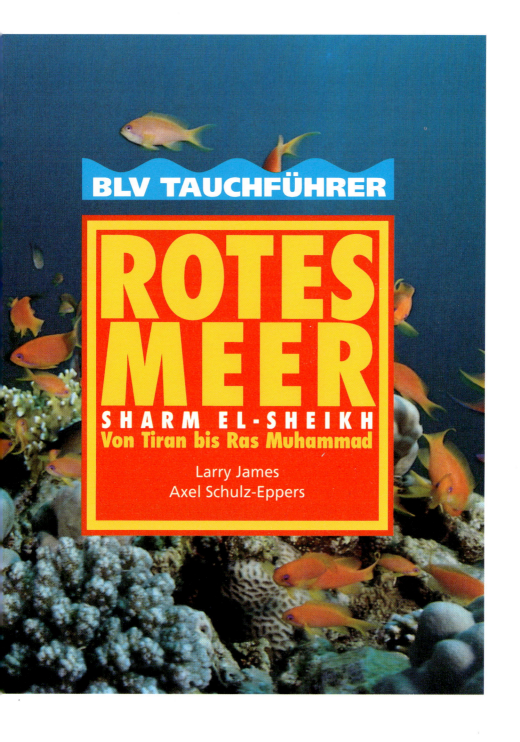

 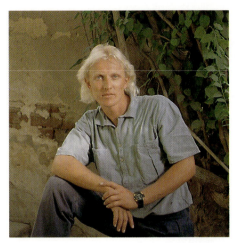

Larry James ist amerikanischer Journalist. Von 1989 bis 1993 lebte er in Ägypten und tauchte im Roten Meer. Er hat zahlreiche Beiträge für den amerikanischen Rundfunk verfaßt, seine Artikel erschienen im *TIME Magazine* und in Zeitungen wie der *New York Times*, der *Washington Post*, dem *Wall Street Journal*, der *Welt* und der *Frankfurter Rundschau*.
Obwohl er mehr als tausend Kilometer vom nächsten Ozean entfernt geboren wurde, interessiert sich Larry seit seiner Kindheit für das Meer. Schon immer Segler und begeisterter Schnorchler, begann er 1986 mit dem Flaschentauchen, als er in Afrika arbeitete.
Er lebt mit seiner Frau Sonja und ihren vier Katzen in Paris.

Axel Schulz-Eppers ist Fotograf, Tauchlehrer und Abenteurer. Mehrere Jahre arbeitete er als Fotojournalist für internationale Agenturen und Presseorgane. Verschiedene Reportagen wurden von Zeitungen wie der *New York Times*, der *International Herald Tribune* und dem *TIME Magazine* veröffentlicht. Seit 1989 in Ägypten, war er von 1991 bis 1993 als Tauchlehrer in Sharm el-Sheikh tätig.
Immer dort, wo sportliche Herausforderung und ungewöhnliche Gegenden zusammenkommen, ist Axel zu finden. Seine Reisen führten ihn durch mehrere Kontinente, die übrigen sind schon angepeilt. Vom Bergsteigen über das Surfen bis zum Höhlengehen und Tauchen beherrscht er sportlich alle Höhen und Tiefen.

Danksagung

*Die Arbeit an diesem Tauchführer wäre viel schwieriger und bei weitem weniger erfreulich gewesen ohne die Mithilfe und Ermutigung vieler Menschen.
Die Autoren möchten Petra und Rolf Schmidt für die Großzügigkeit danken, mit der sie uns das Wissen und die Erfahrung zur Verfügung stellten, die sie in beinahe zwanzig Jahren Lebens und Tauchens auf dem Sinai und im Roten Meer erworben haben. Dank auch an Cheryl Hatch, Hany Kamel, Karim Abadir und Katherine Roth, Tauchpartner, durch deren Gegenwart die Freude gesteigert und die Frustrationen minimiert wurden, die unweigerlich in einem solchen langfristigen und schließlich sehr befriedigenden Projekt entstehen.
Ganz besonders gilt unser Dank Andrea Zettler. Ihr umfassendes Wissen über die Gegend und ihre Beiträge zu diesem Führer waren uns eine unschätzbare Hilfe.*

Inhalt

Einleitung 8
Vorbereitung und Planung 12
Stacheln, Zähne, Gifte 15
Zum Gebrauch des Buches 18
Tauchplätze im Überblick 20

Tauchplätze im Detail – 1. Sektion 22

1 Jackson Reef 24
2 Woodhouse Reef 27
3 Thomas Reef 28
4 Gordon Reef 31
5 Laguna 33

Tauchplätze im Detail – 2. Sektion 36

6 Ras Nasrani 38
7 White Knight Reef 42
8 Canyon 43
9 Shark Bay 46
10 Tiger Bay 48
11 Far Garden 50
12 Middle Garden 54
13 Near Garden 56
14 Na'ama Bay 58

Tauchplätze im Detail – 3. Sektion 62

15 Sodfa 64
16 Tower 66
17 Pinky's Wall 68
18 Amphoras 70
19 Turtle Bay 74
20 Paradise 76
21 Fiasco 78
22 Ras Umm Sid 80
23 Temple 82
24 Ras Katy 84

Tauchplätze im Detail – 4. Sektion 85

25 Marsa Bareika 88

Tauchplätze im Detail – 5. Sektion 96

26 Ras Atar 99
27 Jackfish Alley 100
28 Shark Observatory/Eel Garden 102
29 Anemone City 106
30 Shark Reef 108
31 Jolanda Reef 112
32 Keys (Quay) 113
33 Dunraven (Beacon Rock) 117

Macht dem Namen alle Ehre: das Rote Meer im Morgenlicht.

Faszinierend für den Taucher: das klare, tiefblaue Wasser.

Einleitung

Die Tauchplätze des Roten Meeres zählen zu den bekanntesten der Welt. Seitdem die Tauchpioniere Hans Hass und Jacques Cousteau vor fast 50 Jahren anfingen, die Großartigkeit dieses Meeres zu entdecken, kommen immer mehr Gleichgesinnte, um die Faszination mit eigenen Augen zu erleben. So mancher hatte sich dabei wohl fest vorgenommen, die Wunder dieser Gegend für sich zu behalten, aber die heutige Entwicklung zeigt, daß viele das Geheimnis des Roten Meeres doch verraten haben. Und so steht es heute an erster Stelle auf der Wunschliste fast aller Taucher.

Um so erstaunlicher ist die Tatsache, daß dieses Buch der erste ausführliche Führer ist, der sich mit den besten Tauchplätzen in diesem Gebiet beschäftigt. Gemeint ist damit die Südspitze der Halbinsel Sinai von den Korallenriffen in der Straße von Tiran bis zu den einzigartigen Steilwänden von Ras Muhammad. Bekannt ist die Gegend unter dem Namen Sharm el-Sheikh, doch bekommen die meisten Besucher, die im nahegelegenen Na'ama Bay wohnen, das kleine Dorf von Sharm während ihres Aufenthalts nicht zu Gesicht. Da im Sprachgebrauch meist abgekürzt von »Sharm« die Rede ist, wollen wir das im folgenden auch tun.

Dieses Buch ist das Ergebnis von drei Jahren Arbeit und mehr als 1200 Tauchgängen, bei denen wir die 33 beschriebenen Plätze beobachtet und fotografiert haben. Wir hoffen, daß unser Tauchführer eine Hilfe darstellt, um sich in dieser so außergewöhnlichen Region besser zurechtfinden zu können.

Die bereits vorhandene Literatur bezieht sich auf das Rote Meer im allgemeinen und erwähnt das von uns beschriebene schönste Gebiet nur am Rande. Solche Bücher können natürlich bezüglich des Klimas oder der Unterwasserwelt im allgemeinen recht informativ sein; sie geben jedoch keine Entscheidungshilfen, welcher Tauchgang für den einzelnen der richtige ist.

Wir beschreiben alle Tauchplätze im Detail – einschließlich so berühmter Ziele wie Shark Observatory und Shark Reef bei Ras Muhammad wie auch das spektakuläre Jackson Reef in der Straße von Tiran sowie andere weniger bekannte, aber ebenfalls sehr attraktive Orte.

Kein Buch kann für jeden alles bieten, und so mußten auch wir Schwerpunkte setzen. Wir beschränkten uns auf den Tauchgang vom Boot aus, so wie es unserer Erfahrung nach von den meisten bevorzugt wird. Ein weiterer Grund dafür ist die Tatsache, daß es fast unmöglich ist, die An-

Einladendes Farbenspiel der Untiefen von Ras Muhammad.

fahrt zum Tauchgebiet von den Wüstenpisten aus genau zu beschreiben. Oft verschwinden die Zufahrten in Sandverwehungen, und selbst Gebietskenner haben Mühe, sich in dem Wegelabyrinth zurechtzufinden. Nicht zuletzt würde bei einem Zugang vom Strand aus beim Weg über das lebende Riff jeder Schritt jene Umwelt beschädigen oder zerstören, derentwegen Taucher oft von sehr weit her anreisen.

____ Nicht jeder teilt diese Meinung. Michael Pearson, Projektleiter des Ras-Muhammad-Nationalparks, sieht im Tauchen vom Land aus eine Möglichkeit, die ständig steigende Zahl von Tauchern auf ein wesentlich größeres Gebiet zu verteilen. Aus diesem Grund will er feste Landeinstiege bauen und weitere 40 Festankerplätze einrichten.

____ Falls Sie von Land aus tauchen möchten, können Sie unseren Führer dennoch nutzen, nur müssen Sie sich den Weg zu den einzelnen Tauchplätzen vor Ort genauestens beschreiben lassen. Sie können natürlich auch mit dem Taxi dorthin fahren; achten Sie dabei aber darauf, ob der Fahrer auch wirklich weiß (und nicht nur vorgibt zu wissen), wohin Sie wollen. Das sicherste ist in jedem Fall, sich an eines der vielen Tauchzentren zu wenden, wo man Ihnen gern mit Rat und Tat zur Verfügung steht.

____ So weit, so gut. Ist die Ausrüstung überprüft? Dann kann's ja losgehen!

Das Tauchkreuzfahrtschiff »Ghazala I« an seinem Anker in der Bucht von Na'ama Bay.

Der Anleger und die Insel der Hilton-Anlage fügen sich malerisch in die Bucht von Sharm el-Sheikh ein.

Vorbereitung und Planung

Sharm el-Sheikh gehört zweifellos zu den erstrangigen Tauchgebieten der Welt. Schön war es immer schon, aber so bekannt und komfortabel wie heute keinesfalls. Vor 20 Jahren war der Tauchurlaub hier ein wahres Abenteuer – man mußte einen langen Wüstentreck in Kauf nehmen, bevor man sein Camp am Strand aufschlagen konnte. Erst dann war ans Tauchen zu denken. Heutzutage wird dem Besucher ein ganzes Spektrum an Abenteuer und Luxus geboten, mit Fünf-Sterne-Hotels, Discos, Restaurants und Geschäften. Nach wie vor jedoch dehnt sich im Hintergrund die schier endlose Weite der Wüste aus.

_____ Das Zentrum des Geschehens ist aber nicht, wie man annehmen könnte, Sharm el-Sheikh, sondern das 7 Kilometer nordöstlich gelegene Na'ama Bay. Hier gibt es die meisten Hotels und Tauchzentren. In der kleinen Einkaufsarkade findet man fast alles, was man im Urlaub so braucht: ein Fotogeschäft zum Filmeentwickeln, eine Badehose oder das Sandwich für den nächsten Tag. Auch an Souvenirs wird so einiges angeboten, vom ausgemachten Kitsch bis zum edlen Beduinenschmuck. Am besten fragen Sie jedoch Einheimische, bevor Sie ein teures Stück erstehen.

_____ Taxis sind relativ preiswert und fast immer aufzutreiben; vereinbaren Sie aber noch vor dem Einsteigen den Fahrpreis. Mietwagen sind teurer und lohnen sich eigentlich nur für längere Wüstenausflüge. Fast alle Hotels stellen Busse zur Verfügung, die Sie zum Flughafen bringen. Kairo und andere Städte werden mit öffentlichen Langstreckenbussen angefahren.

_____ Innerhalb des Ortes ist alles zu Fuß zu erreichen, und für die notwendigen Fahrten zu den Booten sorgen die Tauchzentren und Hotels. Der starke Andrang läßt mittlerweile auch außerhalb von Na'ama Bay Unterkünfte entstehen, von wo aus sich der Transport allerdings etwas schwieriger gestaltet.

_____ Auch wenn Tauchen immer noch die Hauptbeschäftigung in Sharm ist, so hat sich das Angebot doch sehr erweitert. Das bevorzugte Nichtstun kann durch alle denkbaren Wassersportarten und Ausflüge bereichert werden. Das Angebot reicht hier vom Kamelritt bei Sonnenuntergang in der Wüste, dem Besuch des Berges Moses und des Katharinen-Klosters bis hin zum Ausflug in die Ruinenstadt Petra im benachbarten Jordanien oder einer Wüstensafari mit Geländefahrzeugen.

_____ Wer nachts lieber nicht tauchen geht, braucht sich noch lange nicht zu langweilen. Bei einem Glas Bier oder einer Wasserpfeife kann man in lauer Luft den Sternenhimmel bewundern oder einem Folkloreabend beiwohnen, bis einen dann schließlich die Tauchermüdigkeit übermannt.

_____ Wer es laut mag, dem steht Ägyptens größte Disco bis weit in die Nacht hinein offen.

Wetter

In Sharm wird das ganze Jahr über getaucht, so daß es schwerfällt, eine »beste Saison« zu bestimmen. Sonne ist fast immer garantiert, mit wenigen Ausnahmetagen im Winter. Die Wassertemperaturen variieren von mindestens 19 Grad im

Januar bis zu maximal 29 Grad im August. Die Wintertage sind meist sonnig und klar mit Lufttemperaturen um 20 Grad, die Nächte können dann allerdings ziemlich kalt werden. Im Sommer schwitzt man tagsüber bei rund 40 Grad, erholt sich aber abends bei etwas kühleren Temperaturen wieder. Von Mai bis Oktober ist eine Klimaanlage jedoch auch nachts fast unentbehrlich.

____ Im Februar und im März ist die Sicht unter Wasser meistens schlechter, aber gerade dann kommen die Mantarochen und Walhaie. Die großen Thunfisch- und Barrakudaschwärme sind dafür nur im warmen Wasser der Sommermonate zu beobachten. Wir fanden den Oktober mit den lauen Lüften und angenehmen Wassertemperaturen am schönsten.

Formalitäten

Der Tourismus ist eine der wichtigsten Einnahmequellen Ägyptens, und die Regierung hat versucht, die bürokratischen Formalitäten auf ein Minimum zu reduzieren. Gegen ein geringes Entgelt erhalten die meisten europäischen Besucher sowie Amerikaner und Kanadier bei der Einreise am Flughafen ein Visum. Falls Sie über Kairo oder Luxor anreisen, reicht Ihnen das Touristen-Visum. Wenn Sie jedoch direkt nach Sharm oder über Israel kommen, sollten Sie unbedingt ein Visum in Ihrem Heimatland beantragen, denn die am Ras-Nasrani-Flughafen (Sharm) ausgegebenen Aufenthaltsgenehmigungen gelten nur für zwei Wochen und für einen begrenzten Bereich des Sinai. Der Besuch von Ras Muhammad ist darin nicht eingeschlossen. Und Sie wollen doch nicht unter denjenigen sein, die an den phantastischen Tauchgängen des Haifisch-Riffs, der Anemonenstadt und am Wrack der Dunraven nicht teilnehmen können. Vorsicht: Viele Reiseveranstalter kennen diese Regelung nicht!

Umweltbewußtsein

Die ägyptische Regierung hat 1983 das Gebiet um Sharm zum Nationalpark erklärt. Strenge Gesetze wurden erlassen, um die Natur nicht nur über, sondern auch unter Wasser zu schützen. Bereits das Anfassen sowie das Mitnehmen selbst von abgestorbenen Korallen ist verboten. Auch einst übliche Fischfütterungen sind mittlerweile untersagt. Wenn Sie Ras Muhammad besuchen, erhalten Sie bei Bezahlung der Eintrittsgebühr eine Broschüre mit den zwölf wichtigsten Regeln. Bitte befolgen Sie diese!

____ Die Tauchzentren unterstützen die Maßnahmen und sind sogar einen Schritt weitergegangen, indem sie schon vor Abschluß entsprechender Gesetze das wilde Ankern unterließen und sich gemeinsam um die Anlage von Festankerplätzen kümmerten. Diese Bemühungen haben die Riffzerstörung durch Boote weitgehend ausgeschaltet. Maßnahmen gibt es viele, doch leider wird die Unterwasserwelt durch Achtlosigkeit und mangelndes Verständnis immer noch unnötig stark belastet. Lassen Sie uns alles in unserer Macht Stehende tun, um die Riffe und andere Ökosysteme zu schützen!

Diese Passage war einst durch eine Gorgonie versperrt.

Sicherheit

Etliche Bücher sind schon über die Sicherheit beim Tauchen geschrieben worden, und ein gewissenhafter Taucher wird sich über die neuesten Erkenntnisse zum Thema auf dem laufenden halten. Eine Erörterung im Detail würde den Rahmen dieses Führers sprengen; trotzdem soll auf ein paar Dinge eingegangen werden.

_____ Kein anderer als Sie selbst ist letztendlich für Ihre Sicherheit verantwortlich. Die Profis in Sharm tun alles, um Ihren Aufenthalt so sicher und lohnend wie möglich zu machen. Alles können sie Ihnen aber nicht abnehmen. Sicherheit fängt lange vor dem Tauchen an: Sind Sie über neueste Erkenntnisse informiert, und erinnern Sie sich an mögliche Gefahren? Beherrschen Sie die praktischen Übungen problemlos? Wenn nicht, dann sollten Sie Vergessenes wieder auffrischen und die notwendigen Handgriffe üben, und zwar noch *bevor* Sie den ersten Tauchgang in Sharm machen. Noch eine Frage: Ist Ihre Ausrüstung gewartet und in gutem Zustand?

_____ Als nächstes geht es um Ihre Fähigkeiten. Wir haben die Tauchplätze in drei Kategorien unterteilt. Sind Sie Anfänger, Fortgeschrittener oder Geübter? Ihre Antwort darauf ist von mehreren Faktoren abhängig. Wie sportlich trainiert sind Sie? Wie psychisch ausgeglichen sind Sie? Wann haben Sie zum letzten Mal getaucht? Wie viele Tauchgänge haben Sie gemacht? Kennen Sie vergleichbare Bedingungen? Bedenken Sie, daß sich Ihre körperliche Konstitution schnell ändern kann und Selbstüberschätzung ein häufiger Grund für vermeidbare Unfälle ist.

_____ Für viele der Tauchgänge in Sharm genügen die normalen Voraussetzungen. Es gibt aber Tage, an denen selbst die Stärksten an den Bedingungen scheitern. So zum Beispiel, wenn die Strömung bei Tiran oder Ras Muhammad ein Gegen-

Der leitende Facharzt an der Dekokammer.

anschwimmen unmöglich macht. Weichen Sie in solchen Fällen auf eine der vielen Alternativen aus.

_____ Vorsicht, Boot! Derzeit ist die Anzahl der Tauchboote pro Festankerplatz auf maximal drei beschränkt. Es kommt aber immer wieder vor, daß man sich beim Auftauchen von manövrierenden Booten umgeben sieht. Hier ist es an Ihnen, einen Unfall zu vermeiden. Tauchen Sie nie unter den Booten! Tauchen Sie an den Ankerleinen ab und dort auch wieder auf.

_____ Zur fortschreitenden Entwicklung Sharms trägt auch das große Interesse bei, das dieser Ort bei internationalen Organisationen genießt. So soll hier unter anderem als Gemeinschaftsprojekt von Ägypten und den USA eine Klinik für Taucherkrankheiten entstehen. Teil dieser Einrichtung ist eine moderne Dekompressionskammer, die bereits seit Sommer 1993 in Betrieb ist. Später sollen drei Ärzte im 24-Stunden-Bereitschaftsdienst tätig sein. Die Kammer ist an das Informationsnetz des DAN (Divers Alert Network) angeschlossen und hat alle Voraussetzungen, um einmal *das* Zentrum für Taucherkrankheiten im Nahen Osten zu werden. Wer sich dafür interessiert, der kann hier übrigens auch an einem Spezialkurs für den Umgang mit Sauerstoff zur Ersten Hilfe bei Tauchunfällen teilnehmen.

Stacheln, Zähne, Gifte

Man kann mit Sicherheit sagen, daß das Rote Meer um Sharm el-Sheikh ein größtenteils ungefährliches Revier ist. Man kann aber sicher nicht die dortigen Unterwasserwunder erleben, ohne ein paar Hinweise auf die Meeresfauna zu beherzigen – Tiere, die für den ungeübten Taucher recht erhebliche Gefahren darstellen können.

_____ Ganz oben auf der Liste der Meeresbewohner, die man meiden sollte, steht die Familie der sogenannten Skorpionsfische, wobei der übelste und am meisten gefürchtete Kandidat der **Steinfisch** ist. Ihm aus dem Weg zu gehen, ist allerdings leichter gesagt als getan, da er über eine der wirksamsten Tarnausrüstungen verfügt, die es in der Natur gibt. Der Fisch sieht, wie sein Name schon sagt, wie ein Stein aus und liegt oft stundenlang an einer Stelle auf der Lauer. Seine einzige Verteidigungsmöglichkeit hat er in den giftigen Stacheln an seiner Rückenflosse. Das Gift ist für den Menschen sehr gefährlich und hat schon einigen, die versehentlich auf einen Steinfisch getreten sind, das Leben gekostet. Man findet die Tiere oft im flachen Wasser auf und nahe der Riffplatte; ein Grund mehr, feste Tauchschuhe zu tragen, wenn man durchs flache Wasser watet.

_____ Auch noch einigen anderen Mitgliedern dieser Familie sollten Sie Ihre Aufmerksamkeit schenken. Der **Skorpionsfisch**, ein Bodenbewohner wie sein Cousin, der Steinfisch, hat etwas weniger giftige Rücken- und Schwanzflossen und sollte ebenfalls gemieden werden. Das ist im allgemeinen leichter, da seine Tarnung längst nicht so perfekt ist.

_____ Auch der **Rotfeuerfisch** ist am Rücken mit giftigen Stacheln bestückt. Für den Taucher ist er leicht an diesen Stacheln zu erkennen, da er sie stolz präsentiert, wenn er im offenen Wasser in aller Ruhe nach Opfern Ausschau hält.

_____ Der Stich eines der oben beschriebenen Fische bewirkt sofortige starke Schmerzen. Tauchen Sie die verletzte Stelle in möglichst heißes Wasser, und suchen Sie sofort einen Arzt auf.

_____ Ein anderes stechendes Tier ist die **Feuerkoralle**. Auch wenn dabei keine so ernsten Verletzungen wie durch die eingangs erwähnten Fische entstehen, kann die Reizung durch einen Stich der Koralle erhebliche Schmerzen hervorrufen. Das Betupfen der Stelle mit Alkohol oder Essig lindert die Beschwerden. Jedenfalls ist die Feuerkoralle ein sehr überzeugender Grund dafür, sich an die Ratschläge der Tauch-Guides zu halten und das Riff nicht zu berühren. Darüber hinaus sollte man daran denken, daß auch einfache Korallen mit ihren scharfen Kanten ernsthafte Schnittwunden verursachen können; in ihrer Nähe ist also generell Vorsicht geboten.

_____ Alle diese Gefährdungen sind passiver Natur und stellen nur für den unaufmerksamen Taucher die Hauptgefahrenquelle dar. Es gibt jedoch auch ein paar Tiere, deren neugieriges Interesse an Ihnen Ihre Aufmerksamkeit erfordert.

_____ Einige Experten sind der Meinung, daß eine gewisse Gefahr für den Taucher vom **Doktorfisch** ausgeht. Sein Name leitet sich aus den rasiermesserscharfen, skalpellartigen Klingen auf beiden Seiten des Schwanzes her, mit denen er seine

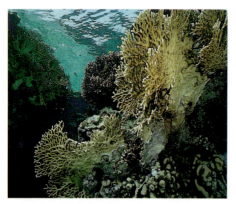

Verursacht die häufigsten Verletzungen: die stechende Feuerkoralle.

Bewachsene Ankerleine: Die Stiche solcher Hydroiden reizen die Haut.

Feinde aufschlitzt. Mehrere Arten dieser Spezies lassen sich leicht an der leuchtenden Färbung der Waffen erkennen, mit denen die Natur sie ausgestattet hat. Diese Fische stellen generell keine große Bedrohung für Taucher dar, allerdings sollte man ihnen in der Laichzeit generell aus dem Weg gehen.

So mancher Taucher hat aufgrund entsprechender Begebenheiten gute Gründe, aus der Schar der unangenehmen Tiere, denen man unter Wasser begegnen kann, den **Drückerfisch** zum »Oberfiesling« zu küren. Insbesondere der **Riesendrücker** sollte weiträumig umschwommen werden, noch dazu, wenn er gerade seine Eier bewacht. Er wird bis zu 70 Zentimeter lang, und seine harten, kräftigen Zähne können schmerzhafte Wunden schlagen.

Weniger gefährlich, aber durchaus erwähnenswert, sind **Muränen**. Ihre scharfen Zähne und starken Kiefer können ganz

Nicht zum Spielen geeignet: Riesenmuränen können beißen.

Riesendrücker können sehr aggressiv sein, wenn sie ihr Revier verteidigen.

Kaum zu erkennen und hochgiftig: der Steinfisch.

Blaupunktrochen verteidigen sich mit einem Giftstachel im Schwanz.

schön weh tun. Doch kann man der Gefahr leicht aus dem Weg gehen, indem man die Finger nicht in Löcher und unter Steine steckt, damit die Muräne nicht in Selbstverteidigung losschlagen oder den Finger aufgrund ihrer Kurzsichtigkeit für ein Nahrungshäppchen halten kann.

——— Die Vertreter der **Stachelrochen** und **elektrischen Rochen** können ebenfalls schmerzhafte Verletzungen verursachen. Auch ihre Waffen dienen in erster Linie der Verteidigung. Wenn man sich mit Vorsicht im flachen Wasser bewegt und nicht den Grund berührt, läßt sich eine unerfreuliche Begegnung mit diesen Tieren vermeiden

——— **Haie** müssen in diesem Kapitel zwar ebenfalls erwähnt werden, aber sie stellen eine geringere Gefahr dar, als der Uneingeweihte generell annimmt. Haiattacken können vorkommen, sind aber recht selten.

Die Waffe des Rotfeuerfisches sind die giftigen Stacheln in seinen Rückenflossen.

Kegelschnecken schießen Giftpfeile ab, die Lähmungen hervorrufen können.

17

Zum Gebrauch des Buches

Alle Tauchplätze sind geographisch der Reihe nach von Norden nach Süden aufgeführt. Die Nummern sind auf den Karten und in den Einzelbeschreibungen identisch. Auf den nachstehenden Karten können die Plätze lokalisiert werden. Zur zusätzlichen Orientierung haben wir mehrere Tauchgänge zusammengefaßt auf Luftbildern dargestellt. Die Gruppierungen mit Seitenangaben können Sie dem Überblick über die einzelnen Tauchplätze sowie der Karte auf den Seiten 20/21 entnehmen.

Bedeutung der Symbole:

Tauchen für Anfänger

Tauchen für Fortgeschrittene
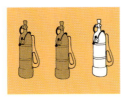

Tauchen für Geübte
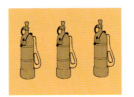

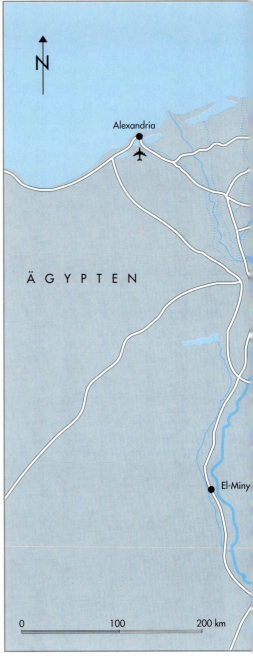

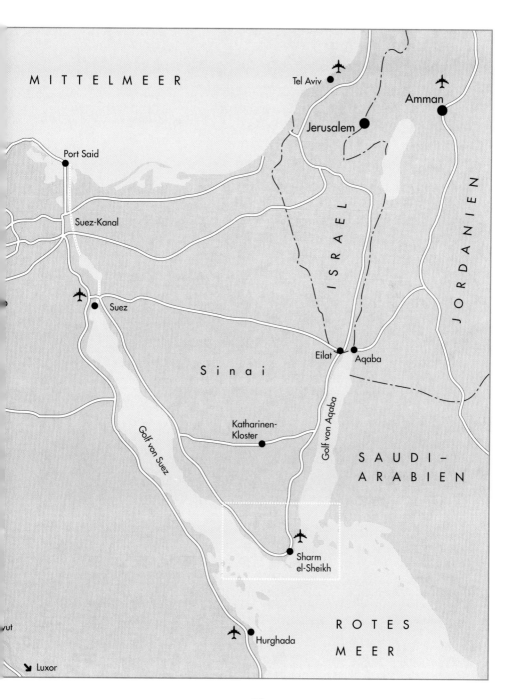

Tauchplätze im Überblick

1. Sektion   Seite 22
- 1 Jackson Reef _____ 24
- 2 Woodhouse Reef _____ 27
- 3 Thomas Reef _____ 28
- 4 Gordon Reef _____ 31
- 5 Laguna _____ 33

2. Sektion   Seite 36
- 6 Ras Nasrani _____ 38
- 7 White Knight Reef _____ 42
- 8 Canyon _____ 43
- 9 Shark Bay _____ 46
- 10 Tiger Bay _____ 48
- 11 Far Garden _____ 50
- 12 Middle Garden _____ 54
- 13 Near Garden _____ 56
- 14 Na'ama Bay _____ 58

3. Sektion   Seite 62
- 15 Sodfa _____ 64
- 16 Tower _____ 66
- 17 Pinky's Wall _____ 68
- 18 Amphoras _____ 70
- 19 Turtle Bay _____ 74
- 20 Paradise _____ 76
- 21 Fiasco _____ 78
- 22 Ras Umm Sid _____ 80
- 23 Temple _____ 82
- 24 Ras Katy _____ 84

4. Sektion   Seite 85
- 25 Marsa Bareika _____ 88

5. Sektion   Seite 96
- 26 Ras Atar _____ 99
- 27 Jackfish Alley _____ 100
- 28 Shark Observatory/Eel Garden _ 102
- 29 Anemone City _____ 106
- 30 Shark Reef _____ 108
- 31 Jolanda Reef _____ 112
- 32 Keys (Quay) _____ 113
- 33 Dunraven (Beacon Rock) _____ 117

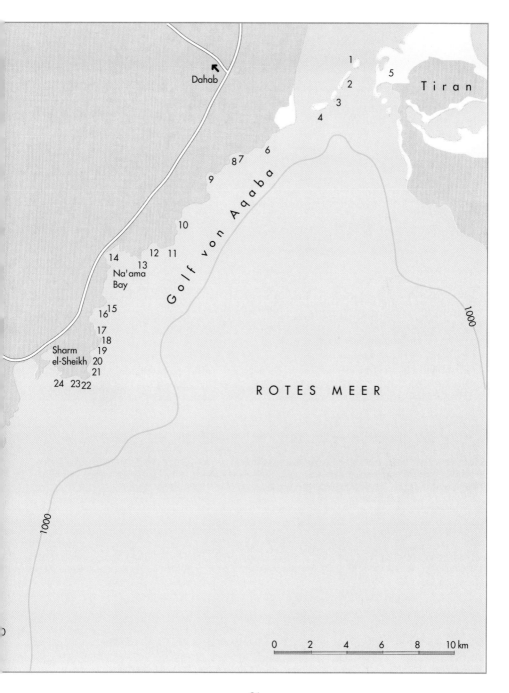

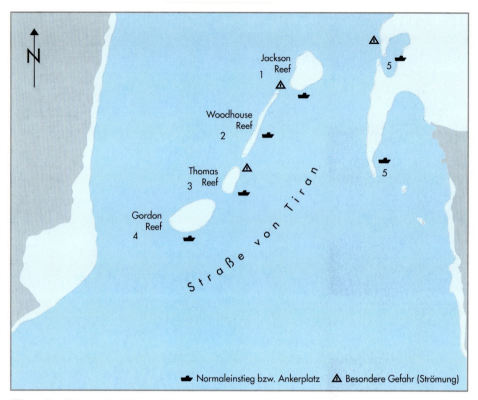

Tauchplätze im Detail – 1. Sektion

[1] *Jackson Reef* [2] *Woodhouse Reef* [3] *Thomas Reef* [4] *Gordon Reef* [5] *Laguna*

Am Eingang des Golfs von Aqaba gelegen, sind die Riffe in der Straße von Tiran ungeschützt den Meeresströmungen ausgesetzt. Der dadurch entstehende Reichtum an Fischschwärmen und Großfischen macht die Tauchplätze von Tiran mit zu den beliebtesten dieser Region.

Norden liegt hier am unteren Bildrand: Die vier Riffe in der Straße von Tiran mit Laguna im Vordergrund und den anderen Tauchplätzen bis Ras Muhammad.

1 Jackson Reef

Viele Taucher halten das Jackson-Riff für den lohnendsten Tauchgang in der ganzen Gegend um Sharm el-Sheikh, andere wiederum bezeichnen ihn als den besten im ganzen Roten Meer. Der dramatische Steilabfall, die farbenprächtigen Korallen und die im Übermaß vorhandenen Korallenfische sind zusammen mit der Wahrscheinlichkeit einer Haifischbegegnung eine wohl kaum zu überbietende Kombination.

——— Den ersten Blick auf das Riff werden Sie wahrscheinlich aus einer Höhe von 500 Metern erhalten, denn es liegt bei entsprechender Windrichtung genau in der Einflugschneise des Flughafens von Sharm. Steht die Sonne im richtigen Winkel, so können Sie sich schon jetzt bestens orientieren.

——— Jackson Reef ist der nördlichste Tauchplatz des in diesem Buch beschriebenen Gebiets und ohne weiteres als Tagesausflug per Boot zu erreichen. Leicht zu erkennen ist das Riff an dem Wrack »Lara«, das seit 1982 hier liegt.

——— Jackson ist ein ovales Riff, das aus einer Meerestiefe von 240 Metern östlich und 340 Metern westlich emporragt. Die Südseite bildet ein steil abfallender Hang bis in eine Tiefe von 40 bis 50 Metern. Der weitere Verlauf besteht aus abfallenden Absätzen in 100, 150 und 200 Metern Tiefe, bevor es dann bei 400 Metern etwas ebener wird.

——— Die Lage des Riffs an der schmalsten Stelle der Wasserstraße von Tiran führt zu oft heftigen Strömungen, denen das Riff

ausgesetzt ist. Großfische wie Haie, Walhaie und Rochen werden dadurch besonders angezogen.

——— Dort, wo am südwestlichsten Punkt die Wand in einen Sattel übergeht, haben Tauch-Guides in einer Tiefe von 24 Metern ein Seil gespannt, als Schutz bei Strömung, die alles mitreißt, was keinen festen Halt findet. Einige erfahrene Taucher benutzen die Leine, um sich »wehend« der dortigen Faszination hinzugeben, ohne ständig gegen die Strömung kämpfen zu müssen.

——— Etwa 150 Meter weiter befinden sich an der Südseite des Riffs mehrere Festankerplätze. Von dort ausgehend, finden Sie in 27 Metern Tiefe in westlicher Richtung eine rotleuchtende Seeanemone kaum 100 Meter von den Booten entfernt. Dieses Tier ist eine echte Herausforderung für alle Fotografen. Was ein Taucher bisher über Farbverhalten in der Tiefe gelernt hat, scheint plötzlich keine Gültigkeit mehr zu haben. Um so verblüffter sind diejenigen, die versuchen, das brillante Leuchten auf den Film zu bannen. Alles, was wir als Ergebnisse erhielten, war jedenfalls langweilig und grau. Offensichtlich stellt unsere Anemone ihre Farbe selbst und auf chemische Weise her.

——— Während Sie über das Erlebnis weiterrätseln, sollten Sie sich jetzt auf den Weg zur vorher beschriebenen Leine machen. Wenn ruhige Bedingungen es erlauben, können Sie den Tauchgang nach Norden hin fortsetzen, um wenig später nach Osten, am Sattel entlang, flachere Gewässer zu erreichen. Dort wartet in nur

6 bis 10 Metern Tiefe ein riesiges Feld von Feuerkorallen. Es wimmelt hier häufig von Zackenbarschen, Kaiserfischen aller Art und den normalen Anwohnern eines Korallenriffs.

_____ Auf dem weiteren Rückweg sind nun einige Einschnitte im Riff sichtbar, die sich wie Kanäle bis zur Oberfläche fortsetzen. Folgen Sie doch mal einem, und schauen Sie nach Augen, die Ihnen aus dem Sand neugierig nachspähen – es könnte ein Steinfisch sein.

_____ Die Fülle des Angebots ist reichhaltig, und Sie sollten von Zeit zu Zeit anhalten, um nicht allzuviel von diesem Reichtum an Leben zu verpassen. Richten Sie Ihre Aufmerksamkeit auch auf das endlose Blau hinter sich. Daß mehr Haie Menschen sehen als umgekehrt, ist ein Sprichwort, das wohl alles sagt.

Gelegentlicher Begleiter der Taucher: Meeresschildkröte im Gegenlicht.

Fünfstreifen-Sergeanten sind am Jackson Reef zahlreich.

Weichkoralle und Taucher an der Südwand des Riffs.

2 Woodhouse Reef

Wie eigentlich alle Riffe in der Straße von Tiran, so zeichnet sich das Woodhouse-Riff durch vertikale Wände aus, die von extrem tiefem Wasser umgeben sind. Die bewegte Gezeitenströmung ist es, die dieser Gegend das besondere Gepräge verleiht. Die Strömung kommt durch die enormen Wassermassen zustande, die sich alle 6 Stunden durch die Öffnung des Roten Meeres zum Golf von Aqaba pressen müssen.

—— Die Folgen dieser Naturgewalten sind aber nicht nur positiver Art, und jeder sei angehalten, besonders gut beim Briefing zuzuhören. Vor allem muß auf die heftigen Turbulenzen geachtet werden, die sich im nördlichen Übergang zum Jackson-Riff entwickeln können. »Und wenn schon« darf sich nur der sagen, der genügend Kontrolle und Übersicht hat, um vor dem Erreichen der Nordkante aufzutauchen, wo ein flacher Sattel die Verbindung zum Jackson-Riff darstellt. Wenn Sie jetzt nicht bemerken, daß das Riff nicht mehr bis zur Oberfläche reicht, werden Sie sich wenig später wundern, denn beim Auftauchen sind Sie dann ohne möglichen Halt in einer Strömung, die Sie eventuell zwischen den beiden Riffen ins offene Meer hinaustreibt. Grund genug für manch einen, hier erst überhaupt nicht herzukommen.

—— Trotz allem kann es aber ein spektakulärer Tauchgang sein. Von der Mitte aus taucht man meist auf der Ostseite gegen Norden entlang einer Steilwand, bis sie zu einer Schräge wird. In 35 Metern Tiefe findet man dann einen Canyon, der an einer Stelle weit unten den Eingang zu einer Höhle andeutet. Was sich darin befindet, weiß man nicht; Gerüchte gibt es viele.

—— Wir setzen unseren Tauchgang fort, wobei wir wohl eher einer Steigung folgen werden, die sich wie eine Alpenstraße den Windungen des Riffs anpaßt und nach oben zieht, bis sie sich auf dem Sattel der Nordseite verliert. Bei extrem guten Bedingungen kann der Tauchgang auf der Westseite fortgesetzt werden; er endet aber meistens mit dem Erreichen dieser »Straße«.

—— Vorsicht: Beim Verlassen des Riffs können Sie in den mitunter großen Wellen leicht übersehen werden. Bei starker Strömung kommen die Boote nicht an diese Stelle heran, und Sie laufen Gefahr, abgetrieben zu werden!

Typische Überhänge am Woodhouse Reef.

3 Thomas Reef

Das Thomas-Riff kann einer der schönsten und angenehmsten Tauchgänge im Roten Meer sein – aber nur, wenn Wind, Wellen und Strömung mitspielen. Es liegt zwischen dem Woodhouse Reef im Norden und dem Gordon Reef im Süden, wo es etwas Schutz vor den gewaltigen Naturkräften findet. Dennoch machen große Brecher auf dem Riff das Tauchen an manchen Tagen unmöglich. Hoffen wir das Beste!
____ Die Wände des fast kreisrunden Thomas-Riffs fallen auf weiten Strecken

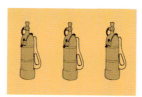

senkrecht ab. Auf der Ostseite beginnen Sie meist Ihren Strömungstauchgang. In 30 Metern Tiefe werden Sie dann von einem sandigen, nahezu flachen Plateau aufgehalten, auf dem zwei gigantische Fächerkorallenreihen zu Hause sind. Rechtwinklig zur Wand stehend, bilden sie gewissermaßen die Einflugschneise zum sogenannten »Flughafen«. Mit etwas Glück und der richtigen Strömung können Sie beobachten, wie einige Hai-Jumbos der Weißspitzen-Fluglinie über dem Flugfeld kreisen oder im Blau auf Landegenehmigung warten.

Begegnungen mit Weißspitzen-Riffhaien sind am Thomas Reef wahrscheinlich. Der Anblick dieses eleganten Meerestieres läßt das Herz jedesmal wieder höher schlagen.

_____ Etwas weiter außen fällt das Riff im Osten schnell auf 60 Meter Tiefe ab, um dann in der Grafton-Passage nicht allzuweit entfernt erst bei 570 Metern auf Grund zu stoßen. Im Westen führt ein Steilhang in 80 Metern zur Enterprise-Passage in etwa 300 Metern Tiefe.

_____ Am Thomas-Riff gibt es im Südwesten einen Festankerplatz, dessen Leinen oft durch Wellen und starke Strömung zerstört sind. Selbst wenn er einmal bei geringerer Wasserbewegung benützt werden könnte, werden Sie trotzdem einen Strömungstauchgang bevorzugen. Beginn des Abenteuers ist meist auf Höhe des »Flughafens«, von wo aus Sie gegen Norden driften. Nun heißt es aufgepaßt, denn es kann sein, daß »Eugen« Sie bereits anvisiert. Dieser Riesendrückerfisch, ein eher aggressives Exemplar aus der Familie der Egozentriker, wird während der Paarungs- und Nestzeit (ca. August) nichts unversucht lassen, Sie aus seinem Revier zu beißen.

Dabei ist er nicht bescheiden und beansprucht jeden Zentimeter für sich, und zwar so weit er schauen kann. Mit begrenzter Intelligenz ausgestattet, schnappt er glücklicherweise nach den Teilen, die sich am schnellsten bewegen, und das sind bei einem Taucher auf der Flucht nun einmal die Flossen. Die klaffende Plastikwunde in den meinigen (natürlich meinen besten!) gibt Zeugnis davon.

_____ Nun ja, wer erst einmal entwichen ist, kann sich der weiteren Sensation dieses Tauchgangs hingeben. Schildkröten sowie Hammerhaie, Weißspitzenhaie und andere große Fische erwarten Sie. Und wenn Sie ganz viel Glück haben, dann kann es Ihnen passieren, daß Sie das Riff einmal umrunden, ohne jemals gegen die Strömung schwimmen zu müssen. Seien Sie vorsichtig und bleiben Sie stets dicht am Riff. Bei derart merkwürdigen Strömungen ist ein Einschätzen der Situation unmöglich!

Ästhetik der Natur: das Filigran einer Gorgonie.
Kleines Foto: Ein Langnasen-Büschelbarsch versteckt sich in einer schwarzen Koralle.

Atmosphärisches Thomas Reef: Zwei Taucher schweben entlang der Ostwand über einem Feuerschwamm.

4 Gordon Reef

Gordon Reef ist das südlichste der vier Riffe in der Straße von Tiran. Es ist leicht zu erkennen an dem rostigen Rumpf des verunglückten Frachters »Loulica«, dessen Kapitän wohl einst die Strömung und die Lage des Riffs falsch eingeschätzt hat. Die Südseite dieses ovalen Riffs bietet selbst bei unruhigem Wetter genügend Schutz, um die Mittagsruhe zu genießen. Von hier aus starten auch die Tauchgänge.

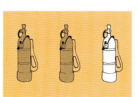

____ Von der Riffkante erstreckt sich ein flaches Plateau über die gesamte Südseite. Die leicht geneigte Fläche erreicht nur 4 Meter Wassertiefe am Riff und 10 bis 15 Meter bei den Ankerleinen, bevor sie sich nach 200 Metern auf etwa 20 Meter senkt. Das Plateau ist am Riff sehr sandig, weiter draußen dann immer mehr von dichter werdenden Korallenblöcken besetzt. Ein steiler Absturz nach Osten hin begrenzt das unterirdische Plateau in Verlängerung der Riffkante. Hier wird es jetzt richtig tief; 830 Meter sind es bis zum Meeresgrund auf ungefähr halber Strecke zur nahegelegenen Insel Tiran.

____ Am Gordon-Riff sind, wie bei allen Tauchplätzen in der Straße von Tiran, Begegnungen mit Haien möglich. Tauchen Sie in östlicher Richtung, und schauen Sie

Suchbild: Drei Krokodilfische liegen bewegungslos und gut getarnt auf dem südlichen Plateau zwischen Korallen.

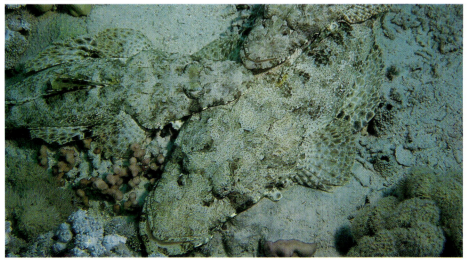

Überreste der »Loulica« liegen in geringer Tiefe auf der Nordseite des Riffes.

In der Strömung dicht am Riff erkundet eine Taucherin das Plateau.

bei 25 bis 30 Metern ins Blau. Eine Unterwasserströmung, die sich von dort zum Plateau hinaufarbeitet, hat immer etwas Sehenswertes zu bieten. Vielleicht entdecken Sie hier Ihren ersehnten Hai oder andere »Jäger« und Schildkröten.

____ Tauchen Sie weiter nach Norden, zum Riff hin, dann werden Sie bemerken, daß die Wand in eine Schräge übergeht. Ein kleines Stück weiter, und Sie erreichen in 6 bis 16 Metern Tiefe einen Aalgarten. Da die Sandaale ziemlich weit von den Booten entfernt sind, kann es sein, daß Sie in der Gruppe nicht so weit kommen, insbesondere dann, wenn Sie zu einer Jahreszeit tauchen, in der Haie häufiger zu sehen sind. Aber auch sonst scheint die Vielfalt des Lebens unter Wasser grenzenlos zu sein, und gerade auf dem Plateau offenbaren Blicke in die Ritzen und Löcher zwischen den Korallenformationen immer wieder Neues und Unbekanntes.

____ Wenn die Strömung am Absturz zu stark ist, dann tauchen Sie statt dessen einfach zum Haifischbecken. Es liegt in 21 Metern Tiefe in der Mitte des Plateaus. Hier, auf dem sandigen Boden, ruhen sich die Haie zwischendurch ganz gerne mal aus. Im allgemeinen müssen sich diese Fische ständig bewegen, um nicht zu ersticken. Schlafend finden wir sie nur dort, wo genügend Wasser an ihnen vorbeiströmt und ihnen damit die Eigenbewegung erspart. Wenn dann noch dazu ein leckerer Brocken vorüberschwebt, bedeutet dies einen Sonntag für diese scheuen Gesellen.

____ Wie vereinzelt auf der Ostseite des Gordon-Riffs, so kann man auch im Westen des Plateaus beobachten, wie die Natur sich den Raum zurückerobert, den sie einst an die auf dem Grund verstreute Ladung des Wracks abtreten mußte. Große Mengen von Eisenstangen und Fässern liegen überkrustet von neuem Leben zwischen den Korallen im Sand.

____ Es ist wichtig zu wissen, daß das Navigieren auf dem Plateau extrem schwierig ist. Besonders, wenn sich die Augen noch nicht jene Kleinigkeiten eingeprägt haben, die zur Orientierung wichtig sind, ist man gut beraten, sich nicht zu weit von der Ankerleine zu entfernen. Ein Kompaß ist sehr zu empfehlen.

5 Laguna

Logbucheintrag: »Stadt der Zackenbarsche – Blaupunktrochen, wo man hinschaut!«
 ____ Eigentlich sind es ja zwei Tauchplätze, die aber so selten aufgesucht werden, daß wir sie in einem Kapitel zusammenfassen. Häufig werden die Lagunen an der Westseite der Tiran-Inseln als Alternative angesteuert, wenn schlechte Bedingungen oder ein zu großer Andrang das Tauchen an den Riffen unmöglich macht. Schutz gewähren dem Gebiet die sehr breiten vorgelagerten Riffe, die nur einen schmalen Einlaß bieten.
 ____ Auf den in der Regel recht flachen Tauchgängen (10 Meter) haben wir über sandigem Boden leider nur eine eingeschränkte Sicht. Unterbrochen wird die einheitliche Fläche durch Korallenblöcke, die bis zur Wasseroberfläche reichen können. Lohnenswert sind insbesondere die großen Seeanemonen mit ihren Clownfischen. In den Passagen zwischen den Blöcken und am »Haupteingang« liegen mitunter Ammenhaie von sehr stattlichen Ausmaßen.
 ____ Bis dahin war es noch nicht besonders aufregend; erst nach dem Durchqueren der Ausgänge wird es so richtig spannend. Bei gemäßigter Strömung ist die größte Attraktion der Südlagune ein Korallenstock etwa 100 Meter nördlich des Eingangs. Tausende von Glasbarschen wimmeln hier um die farbenprächtigsten Weich-, Hart- und Fächerkorallen aller Sorten, gekrönt von einer reinweißen Tischkoralle.

Auch für Fortgeschrittene

 ____ Die Nordlagune kann mit anderem aufwarten. Starke Strömungen schicken uns hier mitunter auf eine Fahrt, die eher einer Rallye als einem Genußtauchgang gleicht. Das ist wirklich nur etwas für erfahrene und geübte Taucher!
 ____ Bei einem Lagunen-Tauchgang liegen die Schönheiten weit voneinander verstreut. Sie sollten sich lieber ausführlich mit dem einmal Gefundenen befassen, als ständig suchend herumzuschwimmen.

Glasbarsche umschwärmen einen der schönsten Korallenblöcke des Gebietes.

Besetzt mit Weich-, Hart- und Fächerkorallen sowie Schwämmen verschiedenster Art, wird dieser Block an der Außenwand der Südlagune von einer großen Tischkoralle gekrönt.

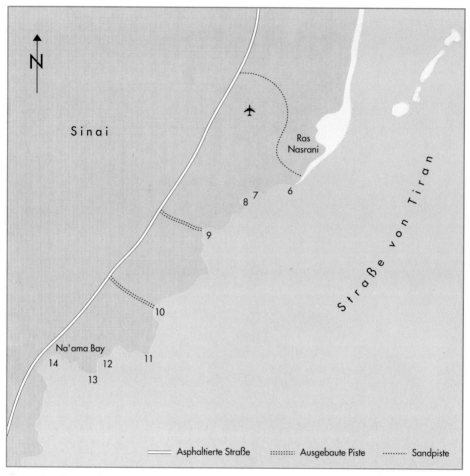

Tauchplätze im Detail – 2. Sektion

[6] *Ras Nasrani*   [7] *White Knight Reef*   [8] *Canyon*   [9] *Shark Bay*   [10] *Tiger Bay*
[11] *Far Garden*   [12] *Middle Garden*   [13] *Near Garden*   [14] *Na'ama Bay*

Die Tauchplätze nördlich von Na'ama Bay sind nur teilweise von Land aus erreichbar. Am einfachsten zu finden sind Ras Nasrani, Shark Bay und Tiger Bay.

Blick aus der Vogelperspektive (der Norden liegt hier am unteren Bildrand) auf die Tauchplätze von Tiger Bay bis Na'ama Bay. Wüste und Wasser zeigen hier nur wenig von ihrer Farbenpracht.

Die Tauchplätze von Shark Bay bis Ras Nasrani im morgendlichen Gegenlicht. Im Hintergrund die Tiran-Insel.

6 Ras Nasrani

»Ehrlich gesagt ist hier gar nicht Ras Nasrani, aber glauben tut mir das ja keiner!« – Der Tauchplatz liegt in der Tat mehrere hundert Meter südöstlich vom Kap (Ras) entfernt. Doch der Name hat eben ein gewisses Flair.

_____ Der Tauchplatz ist einer der wenigen, der unter seinem arabischen Namen bekannt ist. Ras Nasrani bedeutet »Kap der Christen«. Es gibt viele Vermutungen, wie es zu dieser Bezeichnung gekommen ist. Am wahrscheinlichsten erscheint die Version von einer ehemaligen Ansiedlung von Christen.

_____ Schon die Lage des Tauchplatzes an der engsten Stelle des Golfs von Aqaba direkt gegenüber der Tiran-Riffe läßt erkennen, daß wir hier mit Strömung rechnen müssen, die sich aber in Grenzen hält. Wenn das Meer in der Straße von Tiran seine volle Stärke

Eine der Hauptattraktionen von Ras Nasrani sind die verschiedenen Fächerkorallen.

ausspielt, sollte man dort lieber nicht tauchen und in Küstennähe bleiben.

_____ In der Planktonzeit, im Frühjahr, finden wir hier mit großer Wahrscheinlichkeit Mantarochen, und auf dem Weg zur Tauchbasis sieht man vom Boot aus auch manchmal Delphine und kleine Wale. Die Unterwasserlandschaft ist typisch für die gesamte Sinai-Halbinsel nördlich von Na'ama Bay. Eine schmale Riffplatte fällt an der Kante auf 4 bis 8 Meter ab und geht dann in einen Steilhang bis auf 40 Meter über.

_____ Es gibt mehrere Festankerplätze, von denen aus verschiedene Tauchgänge starten. Das Hauptinteresse am südlicheren beschränkt sich aufgrund der vielen kleinen Höhlen auf die flacheren Bereiche. Wer hier tiefer taucht als 10 Meter, verschwendet nur seine Luft.

_____ Anders am nördlichen Ankerplatz. Hier befinden wir uns nahe einer Landzunge, an der das Relief etwas flacher wird. Der Boden ist übersät mit Korallenformationen, und Weichkorallen zeigen ihre Farben in den feinsten Schattierungen von Lavendel bis Zartrosa. Alles ist eingehüllt in die Fischwolke, welche das Riff umgibt.

_____ Verpassen Sie bloß nicht die großen Fächerkorallen, die in Gruppen zusammenstehen. Die schönsten Exemplare, voll mit Glasbarschen, zeigen sich in Richtung Landzunge bei 24 Metern. In nördlicher Richtung entdecken wir eine Kette von Fächern, die sich von 16 bis auf 27 Meter erstrecken. Seien Sie nicht zu überrascht über die Verhältnisse unter Wasser. Nicht nur, daß sich die Stärke der Strömung sehr schnell ändern kann; auch

Landschaftliche Impressionen des flachen Tauchgangs an der südlichen Ankerleine. Es ist ein Genuß, an diesem Formenreichtum vorbeizuschweben.

die Richtung kann während des Tauchgangs in die entgegengesetzte wechseln. Je mehr man sich der Landzunge nähert, desto aufmerksamer sollte man sein.

_____ Ein sicheres und ruhiges Plätzchen läßt sich finden, wenn man rechtwinklig vom nördlichen Ankerplatz zum Riff hin taucht. Hier erstreckt sich eine Bucht, deren weißer, sandiger Boden zum Rasten einlädt. Umrahmt von Korallenwänden, kommt für den Taucher beim Sicherheitsstopp keine Langeweile auf, denn es gibt viel zu sehen.

_____ Wer mit etwas Geduld die Überhänge untersucht, wird vielleicht auf »Bob« stoßen, einen schwanzlosen Blaupunktrochen, der die Bucht seit Jahren zu seinem Zuhause erkoren hat. Höchstwahrscheinlich werden Sie auch die dicke »Bertha« treffen, einen Napoleon-Lippfisch, der ein phänomenales Gedächtnis zu haben scheint. Seit Jahren schon gibt es hier keine Fütterungen mehr, aber »Bertha« umschwänzelt noch immer nach alter Gewohnheit die Taucher, um doch ab und zu ein Bröckchen zu ergattern. Lassen Sie sich aber nicht erweichen!

Glasbarsche an einem Gorgonienbusch auf 24 m Tiefe nahe der nördlichen Ankerleine.

Kleine Höhlen begeistern dicht unter der Oberfläche entlang der Riffkante nahe des südlichen Ankerplatzes.

7 White Knight Reef

Vielleicht hat einst jemand gedacht, daß der Korallenblock am Einstieg dem heiligen Gral ähnlich sieht; und, wer weiß, vielleicht meinte der Namensgeber, er sei ein Ritter auf weißem Roß. Oder war es die öde, langweilige Unterwasserwelt, die ihn veranlaßte, zumindest einen interessanten Namen zu erfinden. Außer seinem Namen hat nämlich das »Riff des weißen Ritters« ein recht eingeschränktes Angebot an Außergewöhnlichem.

_____ Was es hier gibt, sind Hartkorallen und eine interessante Landschaft, die dem Ganzen dann doch noch Charme verleihen. Bei guter Sicht fühlt man sich wie in die Berge versetzt, denn nach jeder »Überschreitung« eines Hügels hat man ein neues Panorama vor sich. Bei Sichtweiten bis zu 50 Metern lohnt es sich, über diese Hügel zu schweben, um die herbe und irgendwie wilde Unterwasserwelt in aller Ruhe auf sich wirken zu lassen.

_____ Ein Blick ins Logbuch zeigt, daß man den schönsten Eindruck auf einer durchschnittlichen Tiefe von 15 Metern bekommt. Wir haben die meiste Zeit sogar in ganz flachem Wasser dicht an der Riffplatte verbracht. Hier, wo alle Farben noch wahrnehmbar sind, kann man gut den zahlreichen Doktorfischen und Seeanemonen zusehen und findet vielleicht einen Clownfisch, der zum Spielen aufgelegt ist.

_____ Das White-Knight-Riff eignet sich gut für einen zweiten Tauchgang an einem Tag. Man verpaßt hier nichts, wenn man im Flachen bleibt, ist vor Strömungen geschützt und hat vielleicht endlich einmal Muße, um jene Kleinigkeiten anzuschauen, die man sonst achtlos übergeht.

Die Landschaftsformation im Gegenlicht war für uns der interessanteste Blickfang.

8 Canyon

Daß hier ein Canyon auf Sie wartet, dürfte Sie nicht allzusehr überraschen. Und schön ist er obendrein!

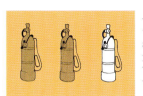

_____ Wenn Sie von der Ankerleine direkt zum Riff schwimmen und ein bißchen nach Südwesten, dann sind Sie direkt über dem Canyon. Wer will, läßt sich hier auf 30 Meter fallen, dort sehen Sie eine Art Korallenbrücke. Und wenn Sie jetzt noch 4 Meter tiefer tauchen, können Sie diese als Eingang zum Canyon benutzen. Es ist ausreichend Platz, aber nur für je einen Taucher. Auf der anderen Seite öffnet sich der Canyon vor Ihnen auf einer Tiefe von 26 Metern.

_____ Genießen Sie die mannigfaltigen Eindrücke und Lebewesen. Der Canyon ist bis oben hin von Löchern, Ritzen, Winkeln und Überhängen durchzogen, die fast immer kleine Geheimnisse preisgeben, wenn man sich ihnen nähert. Die Höhlen dagegen sollten Sie besser unbesucht lassen.

_____ Weiter aufsteigend, bietet sich Ihnen noch einmal die Möglichkeit, einen Tunnel zu durchtauchen. Sie können aber auch nach rechts ausweichen. Der Canyon endet in 10 Metern auf sandigem Grund, von wo aus Sie in nördlicher Richtung die sogenannte »Tanzfläche« finden. Auf der Schrägen in 10 bis 16 Metern Tiefe haben sich Hunderte von Sandaalen zum Reigen versammelt und schwingen hin und her, um nur ja nichts von dem Plankton zu verpassen. Nähern Sie sich langsam am Boden, ohne ihn allerdings zu berühren, sonst verschwinden die sehr scheuen Tiere sofort in den Löchern ihres Aalgartens.

_____ Es gibt noch mehr an diesem Tauchplatz: So wurde schon oft von Begegnungen mit Mantas berichtet; auch besteht die Möglichkeit, einen Walhai anzutreffen.

_____ Wer hier taucht, sollte beherzigen, daß ein Tauchgang so schwer, besser: so gefährlich ist, wie man ihn selbst gestaltet, und daß ein Tunnel oder eine Höhle, egal wie lang, nicht als Mutprobe geeignet ist. Einfach nur so über dem Canyon zu tauchen und dabei die anderen zu beobachten, hat auch seinen Reiz.

Die Begegnung mit einem Napoleonfisch ist immer eine willkommene Abwechslung.

Taucher schweben durch den Canyon, der bereits bei 9 m Tiefe beginnt, sich aber bis weit unter 40 m in das Riff schneidet. Kleines Foto: Ein Skorpionsfisch lauert in einer der Wände auf Beute.

9 Shark Bay

Wer gerne Ski läuft, ist hier richtig. Auf der gesamten Länge des Tauchgeländes windet sich der sandige Boden an Korallenblöcken vorüber, vergleichbar mit der Piste einer Skiabfahrt. Wir verdanken dies einem verheerenden Unwetter Ende der achtziger Jahre, das tonnenweise Schlamm, Sand und Steine von den nahegelegenen Bergen durch das trockene Flußbett (Wadi) spülte und die Korallen begrub. Tief unter diesen Massen liegt bis heute auch noch ein unglücklicher Camper mit seinem Wohnmobil, der nicht rechtzeitig entkommen konnte. ____ Solche unerfreulichen Fakten sollen Sie aber nicht an diesem Tauchgang hindern, insbesondere dann nicht, wenn Sie sich noch etwas unsicher fühlen. Shark Bay ist hervorragend dazu geeignet, die Taucher-Grundkenntnisse wieder aufzufrischen. Außerdem ist dies einer der wenigen Tauchgänge, die einen absolut problemlosen Einstieg vom Land aus erlauben und deshalb von Booten nur selten angefahren werden.

Shark Bay bietet neben dem Unterwasserangebot auch Strandvergnügen und ein Hüttendorf mit Restaurationsbetrieb.

Walhaie wie dieser können bis zu 16 m lang werden. Sie sind reine Planktonfresser und im Roten Meer deshalb hauptsächlich im Frühjahr anzutreffen.

____ Bleiben Sie im Süden der Bucht, dann können Sie bei 18 Metern in einen Canyon eintauchen. Wenden Sie sich nach Norden, so bewegen Sie sich im »Ski«-Gelände, wo Sie sich an den Korallenblöcken erfreuen können. Leider liegt auf dem Grund Müll verstreut. Wer sich sehr daran stört, findet an den Enden der Bucht saubere und fischreiche Riffe.

____ Auch wenn es keinen offensichtlichen Grund dafür gibt, so ist es doch Tatsache, daß mancher Taucher in der Shark-Bucht seine außergewöhnlichsten Unterwassererlebnisse hat – unsere Fotos dürften das beweisen. Tip: Untersuchen Sie vor dem Auftauchen den kieseligen Grund im Flachwasser. Wir fanden hier immer seltene Fische gut getarnt im Sand.

Bei einem Tauchgang im Süden der Bucht stößt man in ca. 13 m Tiefe auf weite Flächen dieser Steinkorallenart.

10 Tiger Bay

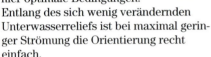

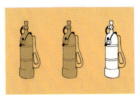

Tiger Bay, die Tiger-Bucht, ist mit Sicherheit kein Tauchplatz, der Ihren Adrenalinspiegel heben wird; aber Anfänger, die lernen möchten, selbständig auf Tour zu gehen, finden hier optimale Bedingungen. Entlang des sich wenig verändernden Unterwasserreliefs ist bei maximal geringer Strömung die Orientierung recht einfach.

_____ Dieser Tauchgang wird von lokalen Tauch-Guides gern gemieden, aber wer ruhige Tauchgänge mit abwechslungsreicher Tierwelt liebt, kommt hier auf seine Kosten. Wenn man das Glück hat, an der richtigen Stelle zu sein, kann man Korallen sehen, die nirgendwo anders im Bereich von Sharm so unberührt sind.

_____ Wir würden Tiger Bay ja gerne als unser Geheimnis ausgeben; nur ist dies angesichts der riesigen Hotelanlage, die in der Bucht entsteht, nicht glaubwürdig. Kommen Sie, und teilen Sie unser kleines Geheimnis: Beginnen Sie den Tauchgang an der nördlicheren Seite. Tauchen Sie die Bucht von innen nach außen. Der schräge Hang eröffnet Ihnen dann bei 35 bis 40 Metern Tiefe Canyons und Höhlen.

_____ Lassen Sie das Riff links liegen, und setzen Sie den Tauchgang auf dem Rückweg in flachem Gewässer fort. In den kleinen Höhlen sind viele Fische zu finden. Wer dort in eine Höhle hineintauchen möchte, sollte sich beeilen, denn wer als zweiter kommt, riskiert, nur noch Sand zu sehen.

_____ Es gibt in der Bucht besonders viele Rotfeuerfische und kleinere Korallenfische. Seien Sie aber auch auf überraschend große Besucher gefaßt: Im Gegensatz zu Axel, der diesen wunderbaren Tieren schon anderswo begegnet war, sah ich hier meinen ersten Manta, und der ist gewiß mit der Grund dafür, daß ich diesen Tauchplatz besonders gern habe.

Ein Überhang reizt wie immer durch den kontrastreichen Blick ins weite Blau.

Übereinandergewachsene Folienkorallen geben den Eindruck eines Hausdaches. Der Anblick dieser Korallenart wird durch die interessante Formengebung einer gemeinen Seegurke (links) und die prächtige Farbe eines Feuerschwammes (rechts) aufgelockert.

11 Far Garden

Far Garden, ein »ferner Garten«, ist für Anfänger besonders geeignet, weil hier normalerweise nicht sehr tief getaucht wird. Auch werden die meisten von ihnen nicht genügend Luft übrig haben, um bis zur Spitze zu kommen, wo die Strömung unangenehm stark sein kann. Der Tauchgang läßt sich aber auch so gestalten, daß er nur etwas für Geübte ist – mehr dazu am Ende dieses Kapitels.
_____ Das Bodenprofil sieht so aus: Zuerst fällt das Riff auf den sandigen Grund ab (4 bis 6 Meter), bevor dieser dann mit teils weniger Gefälle bei 20 bis 25 Metern auf eine weitere Wand trifft. Diese fällt dann bis weit über 70 Meter ab. Mehrere Korallensäulen prägen das Landschaftsbild, und

Auch für Geübte

vier davon reichen fast zur Oberfläche. Sie erstrecken sich auf etwa 100 Metern in einer Linie vom Ankerplatz bis zur Landspitze.
_____ Wenn Sie direkt an der Ankerleine abtauchen, landen Sie auf einem sandigen Hang. Nach Osten zu finden Sie zwei Säulen, deren Zwischenraum exakt mit einem Fächer ausgefüllt ist. Die Säulen selbst sind mit den verschiedensten Weichkorallen überwachsen. Größere Löcher und Überhänge offenbaren interessante Lebewesen in vielfältigen Farben. Es tummeln sich Zackenbarsche aller Art, verschiedene Rotfeuerfische und häufig auch Paare von Falterfischen. Auch Anemonen leben hier, und an der Basis der Säulen strecken manchmal Muränen den Kopf aus ihren Behausungen.
_____ Auf dem Rückweg von der vierten Säule finden Sie kleine Wunder schon in 5 Metern Tiefe. Steinfische, Skorpionsfische und andere Tiere, die auf dem Grund leben, umgeben Sie. Halten Sie bei 4 Metern nach einem kleinen Höhleneingang Ausschau. Der schwarze Eingang ist manchmal mit einer Wolke von Glasbarschen gefüllt. Blaupunktrochen entdecken Sie auf dem sandigen Boden entlang der Riffkante.
_____ Die unterschiedlichen Tiefen mit sandigem Grund und die Tatsache, daß sich die stärkere Strömung auf die Landspitze begrenzt, machen diesen Tauchgang ideal zum Eingewöhnen nach längerer Tauch-Abstinenz und zur Einstimmung auf weitere Unterwassererlebnisse. Die einfachen Tauchbedingungen, verbunden mit einer

Auf der Nahrungssuche durchstreifen häufig leuchtendgelbe Meerbarben die Korallen in Tiefen bis zu 10 m.

schönen Unterwasserszenerie nicht tiefer als 18 Meter, sind auch ideal für Anfänger.

⎯⎯ Wir raten Ihnen, diesen Tauchgang sehr langsam zu gestalten. Andernfalls riskieren Sie, an dem mannigfaltigen Angebot vorbeizuschwimmen, anstatt es zu genießen.

⎯⎯ Abschließend noch eine Alternative, die sich »Kathedrale« nennt. Etwa 50 Meter vor der Landspitze ragt ein Stein aus der Riffplatte. Nur wenn Sie Erfahrung in Tiefen bis 40 Meter haben, sollten Sie hier abtauchen. Eine Grotte beherbergt unter einem riesigen Überhang zahllose, brillantweiß leuchtende Peitschenkorallen – das Ganze sieht aus wie unzählige Kerzen in einer Kapelle. Diesen Höhepunkt sollten jedoch nur wirklich Erfahrene ansteuern, denen die Gefahren eines solchen tiefen Tauchgangs vertraut sind.

Die mit reinweißen Gorgonien (kleines Foto) und Peitschenkorallen bewachsene Grotte unterhalb Far Gardens vermittelt eine andachtsvolle Atmosphäre.

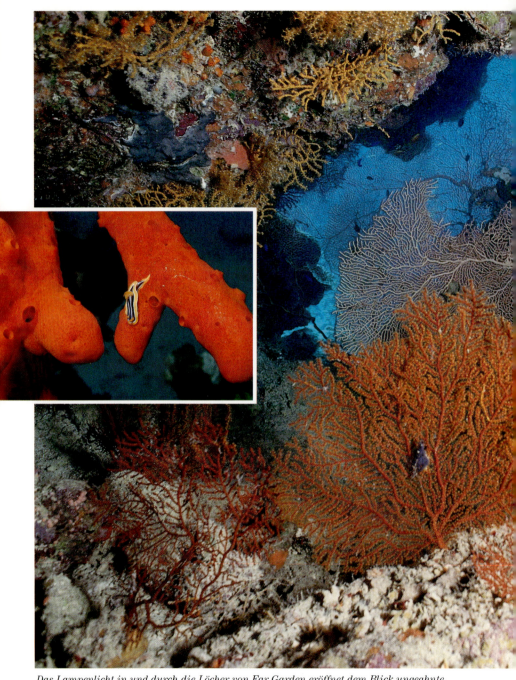

*Das Lampenlicht in und durch die Löcher von Far Garden eröffnet dem Blick ungeahnte Unberührtheit. Empfindliche Fächer sind dort auch vor Tauchern gut geschützt.
Kleines Foto: Eine Pyjamaschnecke spaziert auf einem Feuerschwamm, von dem sie sich ernährt.*

12 Middle Garden

Es zeugt nicht gerade von Einfallsreichtum, diesen Tauchplatz zwischen dem »Nahen Garten« (Near Garden, Nr. 13) und dem »Fernen Garten« (Far Garden, Nr. 11) einfach »Mittlerer Garten« zu taufen. Aber dem Entdecker sei verziehen, denn hier haben wir es unserer Meinung nach mit einem der schönsten Tauchgänge der Gegend zu tun. Bedingung für den optimalen Genuß ist allerdings, nicht in die Tiefe streben zu wollen.

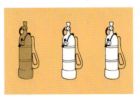

_____ Es gibt mehrere feste Ankerplätze, deren Befestigung in 20 Metern Tiefe ist. Dies sollte auch die maximale Tauchtiefe bleiben, wenn wir nicht das Wesentliche von Middle Garden verpassen wollen. Wir

Ausschnitt des verträumten Labyrinths von Middle Garden.

befinden uns am Rande eines riesigen Halbmondes, der uns als ebene Fläche zu Füßen liegt. Von hier aus ziehen sich Sandstraßen durch Täler die anschließende Schräge hinunter.

____ Während viele Taucher diesen Straßen folgen und ihre Luft verschwenden, ziehen wir uns ans Riff zurück, wo wir bei einer Tiefe von nicht mehr als 6 Metern in freudiges Staunen und Entzücken geraten. In einem Labyrinth aus Gängen und Kanälen, Tunnels und Höhlen kann man sich hier amüsieren, bis einem sprichwörtlich die Luft ausgeht.

____ Genießen Sie es, und machen Sie Ihre ganz persönlichen Entdeckungen, an denen es nicht mangeln wird. Folgen Sie den Fischen durch verwinkelte Canyons.

Staunen Sie über die enormen Ansiedlungen von Mördermuscheln. Oder knien Sie sich einfach auf den Grund und lassen Sie alles auf sich einwirken, bis Sie sich mit verrunzelter Haut, aber verträumt, mit dem Gefühl, ein Fisch zu sein, langsam auf den Weg zum Boot machen. Mit Sicherheit werden Sie Rotfeuerfische, Rochen, Anemonen und im Frühjahr auch Nacktschnecken gesehen haben.

____ Selbst nach Jahren ist dieser Irrgarten wieder einen Besuch wert. Wegen der großen, sandigen, dem Riff vorgelagerten Ebene ist Middle Garden auch ein idealer Ort, um Übungen unter Wasser zu wiederholen und die richtige Menge Blei für Ihre Tarierung in diesem Urlaub herauszufinden.

Eine der vielen verschiedenen Mördermuscheln.

13 Near Garden

Near Garden, der »Nahe Garten«, ist der erste Tauchplatz nördlich von Na'ama Bay und dort vom Strand aus leicht zu orten, weil ihn die Tauch- und Glasbodenboote, die dort an der Spitze ankern, verraten. Dennoch sind es weniger Besucher, als man glaubt, die den so nahe gelegenen Ort ansteuern. Es mangelt ihm ein wenig an der sonst üblichen Dramatik der Unterwasserlandschaft. Als Near Gardens Landeinstieg noch nicht in einem Hotelkomplex lag, wurde hier mehr getaucht, und das hat seine Spuren hinterlassen.

Auch für Fortgeschrittene

_____ Das Riff hat eine schöne, aber nicht mehr als durchschnittliche Farbenvielfalt zu bieten. Wieder sind es die kleinen Dinge, die man lieben muß, um Begeisterung zu empfinden. Wir haben mit Near Garden einen weiteren Tauchgang, der sich wegen seiner gemäßigten Tiefe und der gut einschätzbaren Strömung besonders als Eingewöhnungs-Tauchgang oder für Anfänger eignet.

_____ Der normale Einstieg liegt etwa 100 Meter vor der Landspitze. Dort fällt das Riff erst auf 4 bis 6 Meter ab. Der

Das röteste und weichste Lebewesen: die Spanische Tänzerin. Diese Nacktschnecke erhielt ihren Namen aufgrund ihrer graziösen Bewegungen im Freiwasser.

Unübertroffen vielseitig: Oktopusse können ihre Farbe und Oberflächenstruktur in Bruchteilen von Sekunden komplett ändern.

sandige Untergrund fällt allmählich bis zur 20-Meter-Marke ab, bevor eine durch Absätze unterbrochene Wand beginnt, die nach weiteren 500 Metern auf 1000 Meter Tiefe steil abfällt. Wir bewegen uns die ganze Zeit an einem Hang entlang. Zur Spitze hin etwas steiler werdend, finden sich zwischen 20 und 25 Metern einige bemerkenswerte Fächerkorallen. Da Near Garden oft als zweiter oder dritter Tauchgang gewählt wird, werden diese tief gelegenen Fächer nicht oft von Tauchern besucht, denn man hält sich in diesem Fall eher in flacheren Regionen auf. Möglicherweise schwer zu finden, aber auf jeden Fall lohnenswert, ist eine große rostfarbene Anemone, die in etwa 17 Metern südlich des südlichsten Fächers auf dem gleichen Territorium lebt. Nehmen Sie sich Zeit, Sie werden begeistert sein!

_____ Auf dem Rückweg orientieren Sie sich an der Riffkante und tauchen entlang der mit Weichkorallen überwachsenen Türme. Natürlich begegnen Sie Barschen aller Art. Und, wenn Sie genauer hinschauen, können Sie sogar die hier besonders häufig vorkommende Gebänderte Nacktschnecke entdecken. Man findet sie am leichtesten, wenn man sich an den tiefdunklen Schwämmen orientiert, die sie so gern verspeist.

_____ Nicht ganz so häufig ist die Spanische Tänzerin, eine bis zu 40 Zentimeter lange, tiefrote Nacktschnecke, die tatsächlich fast nur nachts zu entdecken ist. Wer sie einmal erblickt hat, wird sie nie mehr vergessen.

_____ Apropos Nachttauchen: Near Garden ist einer von nur zwei Nachttauchplätzen, die vom Boot aus genutzt werden.

14 Na'ama Bay

Vielleicht liegt hier das größte Geheimnis von Sharm – und das direkt vor Ihrer Haustüre. Na'ama Bay ist außerdem der einzige Tauchgang in diesem Buch, den Sie nicht mit dem Boot ansteuern werden.

_____ Die ganze Bucht von Na'ama eignet sich zum Tauchen, aber seien Sie nicht zu optimistisch, alles auf einmal sehen zu können, denn die Bucht ist lang. Es gibt hier alles, was Sie auch andernorts beobachten können: Graue, Goldene und Riesenmuränen, große Barrakudaschwärme, Lippfische, Drücker, Soldatenfische, Rochen und noch vieles mehr. Wichtig ist zu wissen, wo die Schätze liegen, denn große Flächen in der Bucht bestehen aus Sand und sonst nichts.

_____ Nehmen wir einmal an, Sie haben keine Zeit, alles im Detail zu erkunden. Folgen Sie also unserer Routenempfeh-

Frisch angepflanzte Palmen werden hier den Sonnenhungrigen bald Schatten spenden: Na'ama Bay in der Abendstimmung.

Na'ama Bay aus der Luft: Nur Wüste und Wasser umgeben die Bucht.

lung: Einfach zu finden und fast in der Mitte gelegen, nehmen Sie das Tauchzentrum »Sinai Divers« als Ausgangspunkt. Hier gehen Sie am Strand ins Wasser und schwimmen auf dem Kurs von 150 Grad über dem Sand, bis Sie in ein Tal geraten, das von Korallen gesäumt ist. Jetzt schauen Sie auf die gegenüberliegende Seite des Ankerplatzes der bekannten »Ghazala II«. Dort befindet sich in 20 Metern Tiefe als Teil der Wand ein trichterförmiges Gebilde aus Korallen, wie wir es nirgendwo sonst gesehen haben. Blicken Sie durch diesen Trichter nach oben, dann sehen Sie, wie Tausende von Glasbarschen im Gegenlicht schimmern und über Ihnen ein Schwarm Rotfeuerfische bewegungslos auf Beute lauert.

_____ Der Durchgang ist zu eng, um hindurchzuschwimmen, ohne die Korallen zu verletzen. Wer mag, kann dem Schauspiel aber zusätzlich von oben, auf etwa 14 Metern, beiwohnen.

_____ Setzen Sie Ihre Entdeckungsreise auf der Ostseite des Tales fort, bis Ihr Finimeter halbe Luftmenge anzeigt. Wechseln Sie jetzt auf die Westseite über, von wo aus Sie sich langsam dem Strand nähern. Dort suchen Sie auf etwa 8 Metern so lange, bis Sie wissen, warum. Nur hier, und das bei über tausend Tauchgängen, haben wir im Gebiet von Sharm die tellergroße Teppichanemone gefunden. Einsam lebt sie im Sand zusammen mit bis zu zwanzig Clownfischen, denen sie ein Zuhause bietet.

_____ Wer noch ein wenig Luft übrig hat, kann im 2 bis 3 Meter tiefen Wasser entlang verstreuter Korallenblöcke Schwärme von Fischen verschiedener Arten beobachten, die mehrere hundert, wenn nicht sogar Tausende von Exemplaren zählen.

Außerirdische Begegnung: Ein Adlerrochen schwebt über den Ebenen von Na'ama Bay.

Kleine Fotos: In Symbiose lebende Rotmeer-Anemonenfische und ihre Teppichanemone in 3 m Tiefe (links). Rechts oben ein Schwarm Großschulenbarben im Schutz eines Korallenblocks.

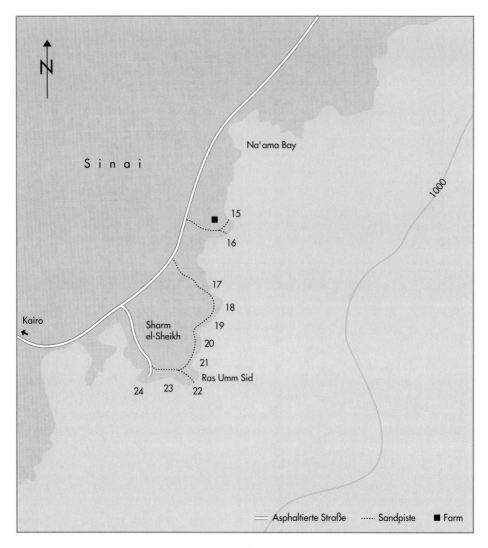

Tauchplätze im Detail – 3. Sektion

15 *Sodfa*   16 *Tower*   17 *Pinky's Wall*   18 *Amphoras*   19 *Turtle Bay*   20 *Paradise*
21 *Fiasco*   22 *Ras Umm Sid*   23 *Temple*   24 *Ras Katy*

Das Gebiet zwischen Na'ama Bay und Sharm el-Sheikh umfaßt die unberührtesten Tauchplätze; der wohl berühmteste Platz ist jedoch Temple.

Die Tauchplätze von Sodfa bis Fiasco sind alle von Land aus zu erreichen.

Ein Blick nach Nordwesten zeigt Ras Umm Sid, Temple und Ras Katy vor dem Hafen von Sharm el-Sheikh.

15 Sodfa

Logbucheintrag: »Habe Skorpionsfisch, Nacktschnecke und drei gigantische Fächer gesehen – super!«

_____ Das Meer ist in Sharm so überreichlich mit farbenfrohem Leben bestückt, daß man leicht in Versuchung gerät, an den Schönheiten vorbeizueilen, um nur ja nichts zu verpassen. Sodfa ist ein erneuter Beweis für den Gewinn, den man durch langsames Tauchen hat. Gleich eines edlen Weines oder einer delikaten Mahlzeit sollte man sich jeden »Bissen« einzeln schmecken lassen.

_____ Sodfa ist wie eine zusammenfassende Darstellung aller Schönheiten, die man unter Wasser erleben kann. Wundern Sie sich nicht, Taucher zu treffen, die inmitten dieser Welt aus 1001 Nacht Purzelbäume schlagen oder ein zufriedenes Lächeln im Gesicht tragen. Es ist das Glück darüber, dieser Faszination beiwohnen zu dürfen.

_____ Tauchen Sie an der Ankerleine auf 20 Meter ab. Lassen Sie das Riff auf Ihrer linken Seite. Nach 30 Metern finden Sie eine enorme Fächerkoralle in 25 Metern Tiefe. Sie ist die erste von zwei Exemplaren auf der nordöstlichen Seite der Ankerleine.

_____ Tauchen Sie weiter, bis die Bodenstruktur eben wird. Auf diesem eher sandigen Gelände finden Sie vielerlei Anwohner. Adlerrochen sind hier vergleichsweise häufig anzutreffen. Wenn Sie auf dem Rückweg einmal in das eine oder andere Loch hineinschauen, machen Sie vielleicht auch Ihre erste Begegnung mit einem Oktopus.

_____ Wieder an der Ankerleine angekommen, wird Ihr Tauchprofil den Besuch des dritten und gewaltigsten Fächers in ebenfalls 25 Metern Tiefe, jedoch in entgegengesetzter Richtung, nicht mehr erlauben. Entscheiden Sie, was Ihnen am wichtigsten ist.

Fahnenbarsche sind im Roten Meer weit verbreitet und immer eine Augenweide.

Die Silhouette eines Tauchbootes erscheint hinter Riesengorgonien, die hier in drei Ebenen wachsen.

16 Tower

Tower (Turm) ist einer der ältesten Tauchplätze in der ganzen Gegend um Sharm el-Sheikh. Er ist leicht an dem langen Korallenturm zu erkennen, der aus dem Wasser ragt.

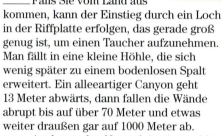

_____ Falls Sie vom Land aus kommen, kann der Einstieg durch ein Loch in der Riffplatte erfolgen, das gerade groß genug ist, um einen Taucher aufzunehmen. Man fällt in eine kleine Höhle, die sich wenig später zu einem bodenlosen Spalt erweitert. Ein alleeartiger Canyon geht 13 Meter abwärts, dann fallen die Wände abrupt bis auf über 70 Meter und etwas weiter draußen gar auf 1000 Meter ab.
_____ Auch wer den Normaleinstieg wählt, kommt nicht zu kurz. Zuerst müssen Sie über die bereits abgetretene Riffplatte waten oder schwimmen (je nach Wasserstand), bis Sie dann zu der Entscheidung gedrängt werden, den Schritt ins grenzenlos Unbekannte zu tun oder sich mit den Attraktionen der Oberflächenfauna zufriedenzugeben. Der Übergang vom hellen, reflektierenden und belebten Riff hin zum dunklen, scheinbar ewigen Blau an der Kante ist für viele ein dramatischer

Wer nicht nach oben schaut, hat Tower nie getaucht. Typisch und eindrucksvoll ist der Blick entlang der Steilwände und Überhänge zum einfallenden Sonnenlicht. Achten Sie in diesem bodenlosen Raum auf Ihr Auftriebsverhalten! Die Tiefe und das Blau scheinen direkt in eine Unendlichkeit zu führen, die Sie erleben müssen, wenn sich beklemmende Angst und euphorische Freude zu einem gigantischen Gefühl vereinen.

Schritt und erfordert eine gehörige Portion an Selbstvertrauen.

——— Wer von der Seeseite her kommt, wird wahrscheinlich am Ausgang des Canyons eintauchen. Es ist einer der wenigen Einstiege, die vom Boot aus weniger Dramatik versprechen als der nahegelegene Landeinstieg: Ein Sprung vom Boot ist immer einer ins Ungewisse und es fehlt die Referenz. Das Hauptinteresse gilt dem großen Korallenblock, der hier einen Teil der Canyonwand darstellt. In einer Tiefe von etwa 20 Metern finden wir einen Überhang, der häufig von Wolken glitzernder Glasbarsche besucht wird.

——— Im weiteren Verlauf nach Osten, in Richtung Sodfa (Nr. 15), bewegen wir uns zwischen 25 und 35 Metern Tiefe. Hier erwartet uns eine wahre Augenweide: zahlreiche Korallennadeln, die mit bizarren Weichkorallen überwachsen sind. Auf dem Rückweg kommen wir bei 13 Metern über den Sattel zwischen Canyon und Korallenblock, wo ein Fächer die tiefste Stelle markiert.

——— Wer noch ausreichend Luft hat, schwebt jetzt nach Westen durch den bodenlosen Raum, um in Verlängerung der anderen Canyonwand eine bildschöne, in der Strömung stehende Gorgonie zu bewundern.

——— Hier noch ein kleines Geheimnis: Wer nicht tief tauchen möchte, aber gerne schwimmt, der findet einen der schönsten Korallentürme des Gebiets genau zwischen Tower und Sodfa. Dieser reicht von 13 Metern Tiefe bis fast an die Oberfläche und ist wegen seines vielfältigen Lebens, das so unberührt scheint, besonders attraktiv. – Es lohnt sich!

17 Pinky's Wall

»Rosa Wand« – einige nennen diesen Tauchplatz auch »Wand des Fischers« (Fisherman's Wall), was fast noch zutreffender ist. Hier haben sich nämlich über die Jahrzehnte hinweg Hunderte von Angelleinen an der tiefen und senkrecht abfallenden Wand verfangen. Das Angeln ist an dieser Stelle deshalb so günstig, weil das Riff schmal ist und man die Angel vom Land her auswerfen kann. Unnötig festzustellen,

daß natürlich auch Taucher einen leichten Einstieg von Land haben.

_____ Aber auch der Name »Rosa Wand« entspricht der Realität. Die zartrosafarbenen Weichkorallen sind über große Flächen verteilt und ergeben mit den roten und weißen Farbtupfern der benachbarten Lebewesen eine wahre Farbsymphonie.

_____ Dieser Tauchgang hat keinen Festankerplatz. Die starken Wellen, denen das

Leben und Sterben: Korallenskelette sind bereits wieder mit neuem Leben von weiß bis rot überwachsen.

Ängstlich, aber neugierig, lugt ein Blenni aus seiner Felsenwohnung.

Riff und die Boote ausgesetzt sein können, machen das Tauchen hier nicht immer möglich. Man nütze also die erste Gelegenheit. Wahrscheinlich bietet sich diese eher nachmittags, wenn das häufig unruhige Meer meist etwas sanfter ist. Wir erwarten Strömung und hoffen sogar darauf, denn nur dann sind die Polypen der Weichkorallen zur Nahrungsaufnahme geöffnet, nur dann sehen diese Korallen kräftig aus und nicht wie Bäume im sauren Regen.

—— Wie gesagt, dies ist eine Wand – und eine ziemlich tiefe noch dazu. Unsere Karten zeigen ganz in der Nähe 285 Meter an; kein Platz für überbleite Anfänger oder für Tarierübungen.

—— Da wir keinen Ankerplatz haben, sind wir gezwungen, einen Strömungstauchgang zu machen – oder zumindest so zu tun, als ob. Wir fliegen entlang der Wand in einer Tiefe von nicht mehr als lohnenswerten 20 Metern in Richtung Südwesten, gleich einer Feder, die das Leben nimmt, wie es ist, und das Dasein genießt.

—— Bei ruhigem Wasser kann man die Riffkante nahe der Wasseroberfläche inspizieren. Kleine, scheinbar in den Felsen eingemauerte Äuglein starren uns an, als wären wir große, wilde Monster, die in eine fremde Welt, die ihnen nicht gehört, einzudringen versuchen. Es sind die starren Augen der scheuen Blennis, die Sie schimpfend auffordern, ihr Territorium zu verlassen. Seien Sie lieb zu den Kleinen, und verabschieden Sie sich bald.

18 Amphoras

Wir haben gelernt: Eine Amphore ist ein hohes Gefäß mit engem Hals, kleiner Standfläche und zwei Henkeln. Amphoren wurden von den alten Griechen und Römern verwendet.

_____ Nun wissen Sie, um was es bei diesem Tauchgang geht. Um alte Scherben und einen alten Anker, Überbleibsel eines antiken Holzbootes, das hier vor 400 bis 500 Jahren gesunken ist, wie Untersuchungen von Archäologen ergeben haben. Diese glauben außerdem, daß die Gefäße mit Quecksilber gefüllt waren, wie die noch immer toten Regionen am Boden beweisen sollen.

_____ Zu finden ist der Tauchplatz leicht. Seit Jahren schon steht hier an Land ein Palmenstumpf, der auch für Tauchgänge vom Boot aus zur Orientierung vor Tauchbeginn genutzt wird.

Der Henkel einer über vierhundert Jahre alten Amphore.

_____ Wenn Sie sich gut fühlen, gehen Sie gleich auf 30 Meter. Schauen Sie sich um, indem Sie einige Meter über dem Boden bleiben, um eine möglichst weite Sicht zu behalten. Die »Antiquitäten« finden Sie zwischen 25 und 35 Metern; sie sind aber nicht das Sehenswerteste.

_____ Schönheit, Vielfalt und größte Farbenharmonie entdeckt hier derjenige, der sich die Zeit nimmt zu schauen. Von 19 Metern bis zu 12 Metern aufwärts, mit einem Durchmesser von etwa 5 Metern, steht hier das Perfekteste, was sich das menschliche Auge erträumen kann. Es ist ein Korallenblock, der jeden verfügbaren Zentimeter nützt, um Leben zu behüten und zu erzeugen. Es ist ein Lebensraum, der sich so einmalig darstellt, daß wir ihn nur mit dem einen Wort beschreiben können: Paradies. Bitte behüten Sie es, und achten Sie auf die feinen, zerbrechlichen Fächer verschiedenster Formen und Farben.

_____ Dieser Tauchgang ist der erste von vieren entlang der Küste, die Sie auf keinen Fall versäumen dürfen. Vermutlich ist dieses Gebiet deshalb so unberührt, weil es den Wellen mehr ausgesetzt ist als andere und deshalb weniger und auch nur erfahrenere Taucher herkommen.

_____ Neben den erwähnten Besonderheiten ist hier natürlich auch alles andere »Fischige« und »Korallige« zu beobachten. Zahlreich sind die kleinen Höhlen und Spalten, die darauf warten, erforscht zu werden und ihre verborgenen Schätze preiszugeben.

Das Quecksilber aus den alten Amphoren verhindert stellenweise heute noch ein Korallenwachstum.

Der Blick durch die Fächer- und Weichkorallen von Amphoras ist einer der schönsten, den wir erlebt haben.

19 Turtle Bay

Große Teile der Wand, die sich von Pinky's Wall (Nr. 17) bis zum Leuchtturm von Ras Umm Sid ausdehnt, sind einen Besuch wert. Nahe beieinander liegen hier mehrere Tauchplätze, die aber geographisch kaum zu trennen sind. Einer von ihnen ist Turtle Bay, die »Schildkröten-Bucht«.

_____ Hier, wo es fast alles – außer Schildkröten – gibt und wo kaum eine wirkliche Bucht zu erkennen ist, befindet sich an der sonst felsigen Küste ein kleiner Strand.

Unterhalb dieses Strandes, der wie viele auf der Riffplatte ausläuft, erstreckt sich nach dem Abbruch der Riffkante auf etwa 6 Metern ein Steilhang bis auf 25 Meter, bevor dann eine Senkrechte auf 45 Meter Tiefe und mehr abfällt.

_____ Das Hauptinteresse gilt den vielen Korallenblöcken, die wie hingeworfen dastehen und eine bizarre Landschaft prägen. Gleich unterhalb des Festankerplatzes ist auf ungefähr 28 Metern als Besonderheit eine sehr hübsche und recht seltene Peitschenkoralle zu erwähnen.

_____ Turtle Bay ist, wie auch die benachbarten Tauchplätze, sehr stark den Wellen ausgesetzt, und so kommt es ab und zu vor, daß Ankerleinen reißen. Ein Ersatz wird dann nicht immer an der alten Stelle montiert, wodurch eine genaue Ortsbeschreibung unmöglich ist.

_____ Am schönsten finden wir es hier am späten Nachmittag. Wenn die Sonne anfängt, sich den Bergen zu nähern, und die See sich etwas beruhigt, dann herrscht auch im Wasser eine ruhige Stimmung. Das Licht scheint diffuser, und die Nuancen der zarten Farbtöne der verschiedenen Korallen wirken fast melancholisch. Meist nicht durch die Anwesenheit großer Fische abgelenkt, bietet uns dieser Tauchgang eine gute Voraussetzung für eine Unterwasser-Meditation.

Ein Schwarm gelber Meerbarben.

Ein einzigartig schönes Exemplar einer roten Peitschenkoralle lebt nicht weit vom Festanker in 28 m Tiefe. ▶

20 Paradise

Kennen Sie den »Kleinen Hobbit« von Tolkien? Wenn nicht, dann stellen Sie sich jetzt ein kleines Wesen vor und lassen es durch eine Märchenlandschaft wandeln und Abenteuer erleben. Tauchen Sie dann in die Unterwasserwelt ab und vergleichen Sie: Es würde uns nicht wundern, wenn Ihnen Paradise – das »Paradies« – irrealer vorkommt als Ihre eigene Phantasie.

Denken Sie an Türmchen, Nadeln und Säulen, die, ganz in Rosa gehüllt, sich einer neben dem anderen rechts und links und überall bis zum Horizont hin ausbreiten. Stellen Sie sich ferner ein tiefes Tintenblau vor, und lassen Sie es in der Unendlichkeit mit dem übrigen verschmelzen. So nähern Sie sich in etwa der Wirklichkeit. Und denken Sie jetzt noch an

Kreaturen unwirklichster und bizarrster Art, wie Fächer, Seesterne, Anemonen und maskierte Kugelfische, und plazieren Sie diese in den noch freien Raum Ihrer Zauberwelt – dann haben Sie es geschafft: Das ist Paradise.

_____ Allzu oft erlauben es Wind und Wetter nicht, mit den Booten zu einem Tauchgang hinauszufahren. Bei starkem Seegang besteht das Problem jedoch nicht unter, sondern über Wasser. Wer schon einmal versucht hat, bei hohen Wellen mitsamt der Tauchausrüstung zurück aufs Boot zu kommen, ohne sich dabei zu verletzen, der weiß, wovon hier die Rede ist. Haben Sie also bitte Verständnis für Tauch-Guides und Kapitäne, und melden Sie Ihre Tauchwünsche bereits bei Beginn Ihres Aufenthalts an.

_____ Sehr oft ist bei Paradise kein Ankerplatz, aber selbst wenn, wird gern ein Strömungstauchgang geplant. Zu Beginn werden Sie bestimmt erst einmal in 15 Metern über den Wipfeln der Korallengebilde schweben. Der ganze Hang, der über 50 Meter tief abfällt, ist übersät damit. Lassen Sie sich in die Täler hinabgleiten, wobei es nicht notwendig ist, besonders tief zu gehen. Aber man kommt hier leicht in Bereiche, die einen Dekompressionsstopp nötig machen.

_____ Wie auch bei Turtle Bay (Nr. 19), waren wir hier nachmittags am meisten begeistert. Aber wir haben noch keinen Taucher getroffen, der im Anschluß an seinen Besuch im unwirklich-wirklichen »Paradies« nicht in vollkommenes Entzücken ausgebrochen wäre.

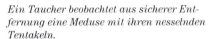

Die Märchenlandschaft von Paradise regt die Phantasien der Taucher an.

Ein Taucher beobachtet aus sicherer Entfernung eine Meduse mit ihren nesselnden Tentakeln.

21 Fiasco

Wollte man Rückschlüsse auf den Namen ziehen, müßte das Tauchen hier ein wahres »Fiasko« sein. Doch die Realität sieht anders aus. Zugegeben: Die Strömung macht von Zeit zu Zeit selbst die Pläne der besten Tauch-Guides zunichte, aber ein Versuch lohnt sich allemal.

_____ Wenn Sie von Land kommen, ist der Einstieg gleich dort, wo die Sandpiste, vom Leuchtturm nach Norden abzweigend, auf das Ufer trifft. Achten Sie gut auf die Wellen, um bei Flut einen ruhigeren Augenblick für Ihren Einstieg zu erwischen. Sind Sie nach einem wackligen Auftakt erst einmal im Wasser und haben die Oberfläche verlassen, werden Sie sehen, daß sich all die Strapazen gelohnt haben.

_____ Sie tauchen hier in einem flacheren Gelände, als dies bei den benachbarten Plätzen der Fall ist. Bei 15 bis 20 Metern finden Sie ziemlich verstreut einige Gorgonien.

In nördlicher Richtung paßt sich die Szene immer mehr der von Paradise (Nr. 20) an.

_____ Die Hauptattraktion des Tauchgangs liegt jedoch mehr auf Ras Umm Sid zu. Hier stehen riesige Tischkorallen, so groß, daß sich unter ihnen Höhlen bilden. Ein Farbenmeer aus Weichkorallen bedeckt die Tische, und zwar nicht von oben, sondern von unten. Vielleicht etwas ungewöhnlich, aber sehr faszinierend. Wer hier nicht begeistert ist, dem ist nicht mehr zu helfen.

Rote Weichkorallen wachsen von den großen Tischkorallen aus kopfüber ins Blaue.

Mensch und Tier in einer Strömung bei Fiasco.

22 Ras Umm Sid

Nein, hier ist keine Satellitenempfangsstation, auch wenn es auf den ersten Blick ganz danach aussieht! Doch die großen Teller, die bei Ras Umm Sid entlang des steilen Hangs am Ende der Landzunge unter Wasser aufgereiht sind, suchen nicht nach Signalen von Flugzeugen oder Schiffen; diese Sensoren orten das Plankton. Ein atemberaubender Anblick!

Diese ungefährliche Quallenart kann an einigen Tagen des Jahres die Oberflächenregion stark besiedeln.

_____ Es gibt hier mehrere Ankerplätze; benützen Sie zur Orientierung den äußeren. Von dort ausgehend, tauchen Sie in Richtung des Kaps. Schon auf 14 Metern Tiefe begegnen Sie den ersten »Schüsseln«, die dann, immer dichter stehend, die Wand bis zu einer Tiefe von 45 Metern für sich in Anspruch nehmen.

_____ Ras Umm Sid begeistert im flachen und im tiefen Wasser. Während die einen die Faszination der Gorgonienfächer in der Tiefe bewundern, genießen andere weiter oben den Sonneneinfall. Die Strahlen dringen durch zahlreiche Spalten und Löcher ins Wasser und treiben ihr ganz eigenes Spiel mit Licht und Schatten. Wir sind nur begeisterte Zuschauer.

_____ Sehr zu empfehlen ist ein Nachttauchgang; bei Nacht hat Ras Umm Sid ein ganz anderes Gepräge: phosphoreszierende Fische flitzen in den Höhlen aus und ein, während die Spanische Tänzerin sowie Hunderte von Haarsternen auf Nahrungssuche gehen und sich unseren Blicken preisgeben.

_____ Die Wasserpolizei erlaubt hier selten einen Nachttauchgang vom Boot aus. So werden Sie gezwungen sein, den mühsamen Landeinstieg zu wählen. Doch Vorsicht: Versuchen Sie nur bei Flut, die sehr breite Riffplatte zu überqueren, sonst finden Sie sich bald zwischen nachtaktiven Seeigeln, Krokodilfischen und den giftstachelbewehrten Rotfeuerfischen, halb schimpfend oder weinend und ohne Ausweg in welche Richtung auch immer. Wer es aber schafft, wird belohnt!

»Satellitenstation« vor Ras Umm Sid: ein Wald von Gorgonien.

23 Temple

Der »Tempel« ist der Klassiker aller Tauchgänge im Bereich von Sharm und ein Muß. Er liegt wenige hundert Meter westlich von Ras Umm Sid inmitten einer großen Bucht und ist völlig von Wasser umgeben.

___ Der Name trifft es genau: Hohe Korallentürme mit kuppelförmigen Enden ragen in 12 bis 21 Metern Tiefe aus dem sandigen Boden. Der größte davon reicht fast bis zur Oberfläche und ist vom Boot aus deutlich zu erkennen. Hier stehen im Abstand von nicht mehr als je 30 Metern mehrere Festankerplätze zur Verfügung.

___ Temple ist eine der bekanntesten Tauchstellen im Roten Meer und wurde schon oft als Drehort für Unterwasserfilme und Fernsehserien auserkoren. Abbildungen in unzähligen Büchern und Magazinen haben den Ruhm nur noch weiter gesteigert. Gleichzeitig ist es einer der wenigen Plätze, die über einen ebenen Sandboden verfügen, was für Anfänger günstig ist. Unglücklicherweise sind die Auswirkungen der Übertauchung nicht spurlos an dem Ort vorübergegangen.

___ Da Ihr Tauchgang aus jeder Himmelsrichtung beginnen kann, vergessen Sie vorher nicht, den genauen Kurs auf dem Kompaß einzustellen. Bei normal guter Sicht sollten Sie eigentlich keine Schwierigkei-

Zwei Zitronenfalterfische, ein Maskenwimpelfisch (rechts unten am Bildrand) und ein Imperator-Kaiserfisch (links unten).

ten mit der Navigation haben; und wenn doch, können Sie ja auch am »Tempel« auftauchen und dann zurückschwimmen.

_____ Eine eindrucksvolle Stelle ist auch der Überhang auf der nördlichen Seite des Hauptturmes, wo sich öfter Zackenbarsche versammeln. Bewegen wir uns weiter an dem recht mißhandelten Korallenstock entlang, dann kommen wir an eine Stelle, wo ein Canyon optimale Verhältnisse für Gorgonien geschaffen hat. Einst ausgefüllt mit diesen zerbrechlichen Lebewesen, konnte man hier nicht hindurchschwimmen. Heute wäre es kein Problem; man sollte es aber unterlassen, um weitere Zerstörung zu vermeiden.

_____ Die bleibenden Schönheiten sind anderswo, zum Beispiel in den Spalten und Ritzen, wo wir nicht hineinkommen, und nahe der Oberfläche. Da Taucher sehr häufig möglichst weit nach unten wollen, bleibt die Gegend dicht unter der Wasseroberfläche nahezu unberührt, was am »Tempel« sehr deutlich wird. Auf 4 bis 5 Metern finden wir Einbuchtungen, die mit allerlei Buntem gefüllt sind. Hier stehen Weichkorallen in leuchtendem Rosa und Neonblau; die besten Exemplare sind auf der Nordwestseite. Aber bitte seien Sie umweltfreundlich, und versuchen Sie nicht, sich in die kleinen Höhlen hineinzuquetschen!

_____ Durch die starke Frequentierung hat die Unterwasserwelt von Temple ziemlich Schaden genommen. Aber immer noch finden wir hier einzigartige Schönheiten, die eine Überlebenschance haben, wenn wir sorgsam mit ihnen umgehen. Vergessen wir nie, daß wir durch Unvorsichtigkeit in einem Augenblick zerstören können, was die Natur über Jahre hinweg geschaffen hat. Im Fall von Temple haben sich bereits Naturschützer engagiert.

_____ Wem aber nun das Gerede über Gorgonien, Weichkorallen und Zerstörung der Unterwasserwelt zuviel wird, der kann sich an der Ostseite des zerstörten Fächers hinsetzen und die kleinen Löcher unter sich fixieren. Es dauert nicht lange, bis die ersten Blennis ihre Köpfe herausstrecken.

Vom Land nur schwer zu erreichen: Temple liegt hinter einem breiten Korallentisch.

Einschnitte in die Korallentürme dieses Tauchplatzes bieten farbenfrohe Szenen.

24 Ras Katy

Auch für Fortgeschrittene

Wenn Sie nach diesem Tauchplatz fragen, kann es leicht sein, daß Sie als Antwort nur ein Kopfschütteln ernten. Viele kennen Ras Katy nicht oder wenn, dann unter einem anderen Namen, wie zum Beispiel Ras Theo. Der Grund dafür bleibt ein Rätsel, aber wir wollen es bei Ras Katy belassen.

——— Wir haben diesem Tauchplatz übrigens den Beinamen »Holiday Inn für Seeigel« gegeben. Das Riff ist nämlich bis auf den letzten Zentimeter mit Löchern durchsetzt, die diesen langstacheligen Gefährten tagsüber einen Schutzraum bieten. Der Andrang ist groß, alle Zimmer sind ausgebucht.

——— Wenn Sie erst einmal die Igel gefunden haben, dann ist es nicht mehr weit bis zum Rotfeuerfisch. Dabei handelt es sich nicht um einen gewöhnlichen Fisch; dieser hier ist schon eine Persönlichkeit. Er wohnt am Ende des Korallenblocks. Und ein Benehmen hat er! Er macht kein Hehl aus seiner Abneigung Tauchern, insbesondere den fotografierenden, gegenüber, so daß jeder Versuch, das Tier abzulichten, scheitert. Sie haben kaum Ihre Kamera in Position gebracht, schon sehen Sie nur noch Stacheln, und zwar giftige, und die direkt vor Ihrer Nase. – Na, dann eben nicht.

——— Ras Katy ist überwiegend ein einfacher und flacher Tauchgang mit maximalen Tiefen um etwa 12 Meter. Das Hauptinteresse gilt hier den kleinen Fächern und Rotfeuerfischen. Am meisten aber fallen die besonders schönen und reichhaltig vorkommenden Grünen Korallenfische und ihre jeweilige Steinkoralle auf.

——— Aber Ras Katy hat noch mehr zu bieten. Etwa 50 Meter weiter seewärts vom Ankerplatz geht es noch tiefer hinunter. Dort haben wir bei einer kleinen Expedition auf 35 Metern nebeneinander drei Fächer gesehen, die bis heute an unserer Wahrnehmungsfähigkeit zweifeln lassen. Der eine war weiß, ein anderer rot und der dritte blau. Suchen Sie sie, aber bitte nur, wenn Sie Erfahrung mit tieferen Tauchgängen haben.

——— Im flachen Gelände kann die Navigation etwas schwierig sein, und Sie sollten die Strömung gut einschätzen können.

Damselfische umschwärmen eine prächtige Geweihkoralle.

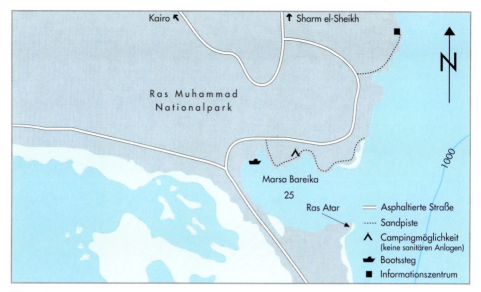

Tauchplätze im Detail – 4. Sektion
25 *Marsa Bareika*

Die geschützte Bucht Marsa Bareika schneidet tief ins Festland ein und formt aus den südlichen Bereichen des Ras-Muhammad-Nationalparks eine Halbinsel. Zahlreiche Ankerplätze werden hier angelegt und versprechen ein weiteres Tauchparadies zu erschließen.

Die Bucht von Marsa Bareika als Teil des Farbenspiels im südlichen Sinai.

Rundkopfdelphine spielen mit dem Tauchboot und liefern unaufgefordert erstaunliche Darbietungen. Diese und andere Delphinarten können regelmäßig in der gesamten Region beobachtet werden.

25 Marsa Bareika

Lange Zeit war dieser Platz aus militärischen Gründen für Taucher nicht zugänglich, aber seit Frühjahr 1993 dürfen Landtauchgänge durchgeführt werden. Viele der geplanten Festankerplätze sind bereits fertiggestellt, weshalb Grund zu der Annahme besteht, daß die Leser dieses Buches schon mit dem Boot kommen.

Auch für Geübte

——— Marsa Bareika ist eine riesige Bucht, die von der südlichsten Spitze der Sinai-Halbinsel begrenzt wird und einen Teil des Ras-Muhammad-Nationalparks darstellt. In dieser Gegend entstehen etliche Tauchplätze, die alle von Naturschützern überwacht werden. Ein Teil wird auch in Zukunft gesperrt bleiben und nur für wissenschaftliche Zwecke nutzbar sein.

——— Das Angebot in der Bucht reicht von steilen und bodenlosen Wänden im Süden über gemäßigte Abschrägungen bis hin zu sehr seichten und einfachen Tauchgängen über sandigem Grund mit verstreuten Korallenblöcken. Fragen Sie die Parkhüter nach den Möglichkeiten.

——— Ein Tauchgang, der bereits existiert, ist Campsite. An Land ist es ein Gelände für Camper, im Wasser ein Paradies für Taucher und Schnorchler. Hier stehen auf flachem, sandigem Boden Blöcke, die mit Weichkorallen, Schwämmen und anderem Leben so überwachsen sind, daß man den Block, auf dem sie leben, nicht mehr sehen kann.

——— Von einem anderen Tauchgang, dem sogenannten Canyon, den Sie leider nicht wiederholen können, berichtet Axels Logbucheintrag:

——— »Im Morgengrauen treffe ich mich mit Karim. Es ist ein besonderer Tag, denn wir haben die Erlaubnis bekommen, in einigen der gesperrten Gebiete von Marsa Bareika zu tauchen.

——— Es ist noch früh, als wir das Tor des Nationalparks bei Ras Muhammad erreichen. Noch ist kein Wärter da. Der Park ist leer. Es herrscht Totenstille.

——— Erst fahren wir auf Asphalt und Schotter, dann folgen wir der Beschreibung, die man uns gegeben hat. Nach einer Fahrt über Sanddünen und rasiermesserscharfe Korallenfossilien erreichen wir durchgeschüttelt das Wasser unserer angesteuerten Lagune.

——— Noch nie habe ich so viele verschiedene blaue Farben gesehen! Blau erzeugt hier ein nahezu eigenes Spektrum. Am Strand anfangs blaß, zeigt es sich anschließend in allen möglichen Schattierungen von Türkis, bis es sich weiter draußen in reines Blau zurückverwandelt, das seinen Höhepunkt schließlich in der Unendlichkeit der Tiefe des Meeres erreicht.

——— Unser Ziel heißt Canyon. Um 9 Uhr durchstoßen wir die spiegelglatte Oberfläche des kristallklaren Wassers. Es folgt unser erster Atemzug unter Wasser. Die Sicht ist phantastisch, mindestens 40 Meter. Unsere Ausrüstung: 12-Liter-Aluminiumflaschen und Ersatzluft auf 5 Meter für einen eventuellen Dekostopp. Wir wissen nicht, und keiner konnte es uns sagen, wie tief der Canyon ist.

——— Begleitet von den ständig wechselnden Mustern, die das Licht für uns auf den

Boden malt, gleiten wir über einen sandigen Hang in die Tiefe. Dort, wo die hellsten Strahlen aufhören und das tiefe Blau anfängt, finden wir den Eingang zum Canyon. Ein Schwarm Füsilierfische kommt vorbei. Ihr silberner Schein führt unsere Augen zu einem enormen Juwelenzackenbarsch, der unter Busch aus Fächern faul sein Leben genießt.

 Die Korallen haben hier etwas Jungfräuliches. Sie scheinen unberührt, vergessen. Wir beschränken unsere vorsichtigen Bewegungen auf ein Minimum, um nichts kaputtzumachen, und halten Abstand, so gut es geht.

 Auf 20 Metern müssen wir eine Entscheidung treffen. Nach links geht der eindrucksvolle Canyon weiter, rechts aber lockt ein Tunnel. Am anderen Ende sehen wir Licht – unsere Neugier ist grenzenlos. Dem hellen Schein entgegenstrebend, lassen wir uns von den Wänden einschließen.

 Bei 30 Metern erreichen wir wieder Licht. Mit der neuen Welt, die sich vor uns eröffnet, fühlen wir uns wie wiedergeboren. Eine senkrechte Wand auf der einen Seite und eine Traube von Fächern auf der anderen bilden den Rahmen für das Blau über uns.

 Halbe Luft! Nur noch ein bißchen, denke ich. Es ist so unglaublich schön hier. Wir gehen tiefer und an die Grenzen unserer Vernunft, bis eine sandige Plattform den sonst unaufhaltsamen Fluß von Blau aufhält.

 75 bar und 10 Minuten Dekompressionszeit sind jetzt alarmierend genug, um uns in die Realität zurückzuholen. Wie in einem Traum, jede Handlung automatisch verrichtend und gleichzeitig versunken in die meditative Welt um uns herum, steigen wir auf, machen unseren Sicherheitsstopp und gehen an Land.

 Kein Wort fällt. Erst später erinnere ich mich an meine Kamera – der Film ist noch unbelichtet.«

Haarstern im abendlichen Gegenlicht.

Salatkoralle.

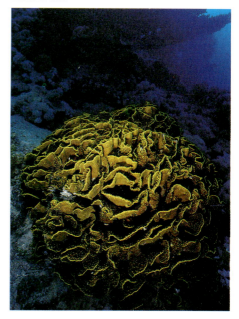

Wie Pilze im Wald stehen die beiden Exemplare dieser Weichkorallenart.

Meist in größeren Tiefen anzutreffen ist diese prachtvolle Gorgonienart.
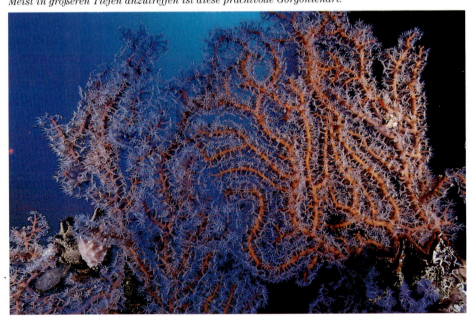

Ein tiefer Canyon in der Bucht. *Kleines Foto: Ein mit Korallen überwucherter Anker aus vergangener Zeit.*

Glasbarsche glitzern auch bei Marsa Bareika.

Einmalige Unberührtheit eines Korallenblockes.

Peitschenkorallenarten verschiedenster Farben.

Bereits dicht unter der Oberfläche beginnt die Faszination der Unterwasserwelt. Kleines Foto: Der Lebensraum wird knapp. Tiere aller Art bedrängen sich und überwachsen einander.

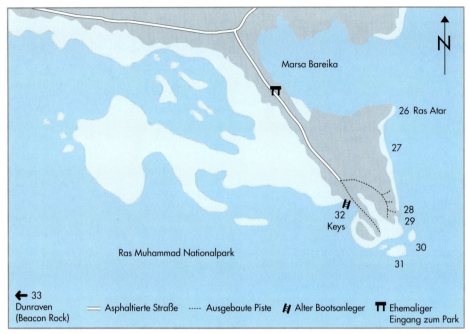

Tauchplätze im Detail – 5. Sektion

26 *Ras Atar* 27 *Jackfish Alley* 28 *Shark Observatory/Eel Garden* 29 *Anemone City*
30 *Shark Reef* 31 *Jolanda Reef* 32 *Keys (Quay)* 33 *Dunraven (Beacon Rock)*

Blick von Nord (unterer Bildrand) nach Süd: Tauchgebiete im Nationalpark von Ras Muhammad.

Das weltberühmte Shark Reef ist die absolut südlichste Begrenzung der Sinai-Halbinsel.

Man sieht zwar keine Haie, aber einen schönen Ausblick hat man vom »Shark Observatory«, der Haifisch-Beobachtungsstation, allemal.

26 Ras Atar

Besondere Kennzeichen dieses Tauchplatzes: Steilwandtauchen in seiner reinsten Form! Ras Atar gehört zum Ras-Muhammad-Nationalpark. Es ist das Kap, das die südliche Begrenzung der Bucht von Marsa Bareika bildet, etwa eine Bootsstunde von Na'ama Bay (Nr. 14) entfernt.

_____ Hier ist Strömung angesagt, und häufig nicht nur eine. Es kommt nicht selten vor, daß Sie Strömungstauchgänge – und nur die sind möglich – in eine Richtung beginnen und etwas später durch eine entgegengesetzte Strömung zum Rückzug gezwungen werden. Sie sind zwischen zweien gefangen und können dann nur noch in einem relativ kleinen Bereich hin und her pendeln, wenn Sie nicht enorme Mengen an Kraft und Luft verschwenden wollen.

_____ Aber auch wenn alles gutgeht, kann es hier recht dramatisch werden. Über dem freien Abgrund schwebend, lassen Sie die Steilwand auf Ihrer rechten Seite und geben sich den Kräften des Meeres hin.

_____ Sie kommen an Stellen, wo nichts außer nackter Wand ist, selbst Löcher und Ritzen sind unbewohnt. Dann, als Gegensatz, gibt es wieder Ecken, an denen das Leben geradezu zu explodieren scheint und so im Überfluß gedeiht, daß Sie nicht mehr wissen, wo Sie zuerst hinschauen sollen. Wieder sind es die faszinierenden Weichkorallen, die die roten Farben in allen Nuancen bis hin zum Weiß erzeugen und neben blauen Füsilieren, Doktorfischen und Zackenbarschen Ihre volle Aufmerksamkeit erregen wollen. Und zu alledem besteht auch noch die Wahrscheinlichkeit einer Begegnung mit einem der größeren Hochseefische.

_____ Jetzt wissen Sie, warum auch dieser Tauchgang unvergeßlich bleiben wird!

Enorm reizvoll: riesige Tischkoralle und Taucher am Steilhang bei Ras Atar.

27 Jackfish Alley

»Höhlen-Paradies« wäre vielleicht eine treffendere Bezeichnung als »Makrelen-Allee« für diesen Tauchgang in der an manchen Stellen schönsten Höhle des ganzen Gebiets.

____ Die Höhle liegt links unterhalb eines markanten weißen Flecks, der sich an einer fossilen Wand weit oberhalb der Wasserlinie befindet, wodurch auch der Einstieg zu diesem meist als Strömungstauchgang durchgeführten Abenteuers markiert wird. Nur 4 Meter unter der Wasseroberfläche liegt die obere Öffnung, die etwas schwer zu finden ist. Ein zweiter Eingang bei 18 Metern ist so auffällig, daß ihn keiner verpassen wird, der seine Augen offenhält.

____ Bereits eine einfache Durchquerung ist schon sehr eindrucksvoll. Wer jedoch den vollen Genuß des Gebotenen ausschöpfen möchte und Erfahrung im Höhlentauchen hat, der schwimmt mitten ins Riff hinein und beobachtet aus der Dunkelheit die Wolke von Glasbarschen und Emirfischen vor dem Tiefblau der Eingänge. Halten Sie inne, und hören Sie einmal hin. Es ist erstaunlich, welche Geräusche die Fische auf ihrem Weg durch die Höhle machen.

____ Wer von Höhlen nicht genug bekommen kann, der findet noch eine weitere auf etwa 9 Metern Tiefe.

____ Jackfish Alley ist im Prinzip die Fortsetzung der Wand, die in Ras Atar (Nr. 26) beginnt und weiter zum Shark Observatory (Nr. 28) an der Südspitze des Sinai führt. Bedingt durch eine Bucht hat sich hier eine sandige Schräge gebildet, auf der gut verteilt und in verschiedenen Tiefen Korallenblöcke stehen, bei denen man genüßlich seine Zeit verbringen kann.

____ Ein besonders schönes Exemplar befindet sich auf der Südseite der »Allee«. Außerdem gehören scheue Weißspitzenhaie mit zu den regelmäßigen Besuchern und machen den Tauchgang zu einem der vielseitigsten in diesem Gebiet.

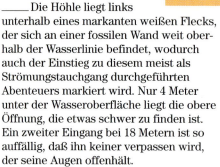

Nicht selten ziehen Weißspitzen-Riffhaie bei Jackfish Alley vorbei.

▶

Unser Hauptinteresse an diesem Tauchplatz galt den eindrucksvollen Höhlen.

28 Shark Observatory/Eel Garden

Diese Wand ist nicht nur steil, sie hat auch noch einen Überhang! Darüber hinaus scheint sie sich zu bewegen, soviel Leben steckt in ihr. Hier ein paar Gorgonien, da noch mehr. Weichkorallen leuchten in allen Regenbogenfarben an den Stellen, die aus der Wand herausragen. Als Kontrastprogramm dazu gibt es nur einige Meter weiter Flecken ohne jegliches Lebewesen – einfach nichts. Dies ist wahrscheinlich deshalb so eingerichtet, damit die anschließend wiederkehrende Pracht dem Taucher nur noch um so bewundernswürdiger erscheint.

_____ Doch halt: Vergessen Sie bitte bei aller Faszination nicht, auch einmal ins Blau zu schauen; vielleicht auch einmal rauszuschwimmen.

_____ (Vorsicht: Strömung!) Wir sind nicht weit von der tiefsten Stelle des Roten Meeres entfernt. Hier, am Beginn des tiefen Einschnitts, der sich die ganze ostafrikanische Küste hinunterzieht, liegt der Meeresboden auf 1800 Metern Tiefe. Sozusagen eine Unterwasser-Autobahn, die von einer

Röhrenaale machen Eel Garden zu dem, was es ist.

Eine Riesenmuräne steckt neugierig den Kopf aus ihrer Wohnhöhle.

riesigen Menge Hochseefischen frequentiert wird. Besonders in den Sommermonaten ist hier richtig was los.

_____ Meistens als Strömungstauchgang durchgeführt, geht man bei geeigneter Strömung etwa 200 Meter nördlich des Geländes ins Wasser. Eel Garden, der »Aal-Garten«, breitet sich zu unseren Füßen aus. An einem kleinen Strand gelegen, finden wir die sehr scheuen Sandaale auf einem sandigen Hang zwischen 10 und 30 Metern und tiefer. Tauchen Sie so ab, daß die Tiere nicht von Ihrem riesigen Schatten erschreckt werden. Am besten nähern Sie sich von unten.

_____ Beim Driften sollten Sie nicht so tief gehen. Die Strecke ist schön und landschaftlich vielfältig. Wenn Sie sich mit allem Sehenswerten aufhalten – und die Verlockung ist groß, dies zu tun –, schaffen Sie es aber nicht bis zum eigentlichen Shark Observatory (»Haifisch-Observatorium«), das sich durch eine Höhle knapp unter der Oberfläche ankündigt.

_____ Die Höhle, die eine Öffnung nach oben durch die Riffplatte besitzt, wird als Einstieg für Landtauchgänge benutzt. Dabei taucht man von einer Lagune aus, eingerahmt von Korallenblöcken, direkt vom hüfttiefen Wasser durch dieses Loch und erlebt den weitaus schönsten Landeinstieg des gesamten Gebiets um Sharm.

Überraschende Begegnung zwischen Mensch und Tier: Ein etwas ängstlicher Blaupunktrochen jagt direkt an uns vorbei.

103

Diese prächtige Schatzkiste zeigt vor dem Königsblau des Wassers einen Juwelenzackenbarsch.

29 Anemone City

Sie werden bereits bemerkt haben, daß das Tauchen im Roten Meer und insbesondere im Gebiet von Sharm el-Sheikh häufig einem Spaziergang durch einen schönen, bunten Garten gleicht. Ganz besonders zutreffend ist dieser Vergleich bei Anemone City, der »Anemonen-Stadt«. Als Extra kommt hier sogar noch eine Berglandschaft hinzu.

Auch für Geübte

____ Tauchen Sie ab, finden Sie auf einer unendlich weiten Bergwiese Kolonien von Anemonen, die so unwahrscheinlich üppig aussehen, als seien ihre Samen dem Erschaffer unkontrolliert aus der Hand geglitten. Die Farben leuchten, das Wasser ist klar. Nur ein paar Meter unter der Oberfläche und von da bis zu einer Tiefe von 27 Metern finden Sie Dutzende von riesigen Anemonen, die nicht wie üblich bescheiden mit einem Paar Clownfischen leben, sondern ganze Schwärme um sich herum versammeln. Wie die Bienen um die Blüten, so schwirren die Fische über und zwischen den Tentakeln der Anemonen, um für diese Futter anzulocken. Eingestreut in die Landschaft sind eindrucksvolle Hart- und Weichkorallen, die den Besuch ebenfalls lohnen.

____ Es gibt keinen Festankerplatz, und wenn genügend Strömung vorhanden ist, können Sie sich bis zum nahegelegenen Shark Reef (Nr. 30) treiben lassen. Ein Einstieg für diesen Tauchgang liegt etwa 50 Meter südlich des letzten Stücks Korallenwand, das aus dem Wasser ragt.

____ Gibt es keine Strömung, dann beenden Sie Ihren Tauchgang nicht gleich, sondern bleiben Sie noch ein Weilchen bei den Anemonen.

Eine der riesigen Prachtanemonen in Anemone City.

Interessiert, aber recht verhalten, begutachtet uns dieser Rotmeer-Anemonenfisch aus den ihn schützenden Tentakeln seines Wirts.

30 Shark Reef

Vielleicht ist Shark Reef für viele der eigentliche Grund, überhaupt nach Sharm zu kommen. Das ovale »Haifisch-Riff« ragt fast bis zur Wasseroberfläche auf. Im Westen und Südwesten wird es auf etwa 10 Metern durch ein Plateau aufgehalten, auf der Nord- und Ostseite geht es in freiem Fall auf 200, dann auf 800 Meter hinunter. Das Plateau verbindet Shark Reef mit Jolanda Reef (Nr. 31) und dieses wiederum mit der großen Riffplatte, die bis ans Ufer reicht.

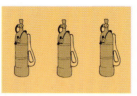

_____ Die Strömung kann so stark werden, daß auch alles Festhalten nichts mehr hilft und Sie zum Spielzeug der Naturgewalten werden. In solchen Fällen sind selbst die Erfahrensten machtlos. Als zusätzliche Herausforderung gibt es auch noch Strömungen nach unten und oben, auf die Sie sehr schnell reagieren müssen, um nicht unkontrolliert in die Tiefe gerissen zu werden. Es kann auch anders sein, aber größte Vorsicht ist immer geboten. Insbesondere bei Gegenströmung am Ende des Tauchgangs muß diese mit in den Luftverbrauch eingerechnet werden. Kein Tauchplatz für Anfänger also!

_____ Das Riff wird meist im Uhrzeigersinn betaucht, wobei die Boote zwischen den Riffen über dem Plateau ankern. Wenn Sie das Plateau überquert haben, kommen Sie zu einem weiten Canyon, dessen Boden sich immer weiter neigt, bis er ins Nichts abfällt. Nachdem Sie auf 22 Metern sich den Blick durch die Gorgonien gegönnt haben, scheinen Sie plötzlich ohne Halt im Raum zu schweben, nur die Wand zu Ihrer Rechten.

_____ Spätestens jetzt haben Sie die Realität Ihrer Existenz verlassen und geben

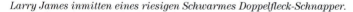

Larry James inmitten eines riesigen Schwarmes Doppelfleck-Schnapper.

sich ganz den Eindrücken hin. Unter Ihnen lauert eine geheimnisvolle, unbekannte dunkle Welt; neben Ihnen ist das tiefe Blau unterbrochen vom silbernen Schein von Tausenden von Schnappern oder Barrakudas, und über Ihnen zieht eine Schildkröte oder ein 2 Meter langer Napoleon majestätisch seine Kreise.

_____ Wenn die Strömung bis hierher gegen Sie stand, dann wird sie das auch noch eine Weile tun, nämlich ungefähr bis zur Mitte des Tauchgangs. Sie überqueren den Punkt, an dem sich die Wassermassen scheiden. Während Sie bislang den Teil zu spüren bekamen, der sich durch den Canyon ins Plateau drückt, kommen Sie jetzt in den Genuß der anderen Hälfte, die um die äußere Seite fegt.

_____ Ist die Strömung stark, so wäre es schade, sich dem dann nur kurzen Genuß hinzugeben, ohne die vom Sommer bis in den Herbst vorkommenden enormen Fischschwärme ausgiebig beobachtet zu haben. Diese Schwärme können groß und so dicht sein, daß sie kein Licht mehr durchlassen. Suchen Sie sich eine kleine Höhle oder bleiben Sie hinter einem Felsvorsprung und lassen die Parade an sich vorüberziehen.

_____ Machen Sie nicht den Fehler, sich durch die Tiefe anlocken zu lassen, sondern bleiben Sie auf maximal 20 Meter. Alles andere ist Luftverschwendung. Hinzu kommt, daß Sie bei größeren Tiefen riskieren, den Zugang zum Plateau zu verpassen, was dann weitere Unannehmlichkeiten zur Folge hätte.

_____ Am Anfang und Ende des Tauchgangs sollten Sie Ihre Augen gut aufmachen: Ein neugieriger Napoleon-Lippfisch von den Ausmaßen eines ausgewachsenen Menschen hat uns jahrelang fast immer getreulich für kurze Zeit auf unseren Abenteuern um Shark Reef begleitet. »Joe« ist handzahm und an seiner kaputten Lippe leicht zu erkennen. Wir hoffen, daß er noch lebt.

Ein Schnapperschwarm kann eine teilweise über 40 m hohe Säule entlang der Riffkante bilden.

Tabakfalterfische auf der Riffplatte zwischen Shark Reef und dem Strand.

Kleines Foto: Der Sichelkaiserfisch kontrastiert zu seiner Umgebung.

31 Jolanda Reef

Jolanda Reef liegt gleich neben Shark Reef (Nr. 30). Um das ganze Riff herum sehen wir Korallen in allen Farben, weiche wie harte neben Fächern und Röhren. Daneben ist die reiche Palette der übrigen Meereslebewesen, insbesondere die der größeren Fische geboten. Es fehlt hier vielleicht die Dramatik des benachbarten, weltberühmten Tauchplatzes Shark Reef oder anderer aufregender Riffe dieser Region, dafür ist Jolanda Reef in etwa vergleichbar mit einer alten, weisen Witwe. Wer genau hinschaut, dem erzählt sie eine interessante Geschichte.

Verschiedenfarbige Weichkorallenarten leben auf den Containerresten der »Jolanda«.

_____ Jolanda Reef bekam seinen Namen von dem Handelsfrachter »Jolanda«, der hier 1981 auf Grund lief. Jahrelang hat das Schiff über Wasser gelegen, bis 1987 ein mächtiger Sturm das Wrack samt Anker vom Riff in die Tiefe riß. Auf dem Weg nach unten verlor »Jolanda« ihre Ladung, bestehend aus Badewannen, Toilettenschüsseln und anderen sanitären Einrichtungsgegenständen.

_____ Hübsch überwachsen, sind diese heute ab 13 Metern Tiefe am nordöstlichen Ende des Riffs zu besichtigen. Deutlich ist noch die Zerstörung zu sehen, die der nachschleppende Anker auf seinem Weg durch die Korallen auf der gesamten Länge des Plateaus von Nord nach Süd angerichtet hat. Das Wrack selbst ist in nicht betauchbare Tiefen gerutscht und wird für alle Zeiten dort liegen bleiben.

_____ Jolanda Reef wird meist im Uhrzeigersinn betaucht. Sie verlassen das Plateau zwischen den zwei Riffen im Osten und tauchen dann in Tiefen von maximal 25 Metern entlang des Hanges um das Riff herum. Es gibt hier zu jeder Jahreszeit die größten Zackenbarsche des ganzen Gebiets, und kaum ein Tauchgang wird beendet, ohne daß man nicht zumindest eine Riesenmuräne auf dem Plateau gesichtet hat.

_____ Nehmen Sie sich auch Zeit für die Ladung der »Jolanda«. Nicht wegen der Waschbecken oder so, sondern wegen der Vielseitigkeit der Farben und eventuellen Schwärme von Süßlippen, die sich zwischen den Containern herumtreiben.

32 Keys (Quay)

Auch für Geübte

Eigentlich ist der Tauchplatz nach dem ehemaligen Kai (Quay) benannt, dessen Reste immer noch existieren. Aufgrund der gleichen Aussprache wie der Name der berühmten Riffe in Florida (Florida Keys) hat sich diese Schreibweise und damit auch die Bedeutung durchgesetzt. Sie ist ebenso zutreffend, denn unsere Keys sind Teil einer riesigen Riffplatte und der Beginn zahlreicher flacher Riffe, die sich nach Westen weit in den Golf von Suez erstrecken.

_____ Eingerichtet als Warte- und Ausweichstelle für Ras Muhammad, wurde anfangs nur an den Keys getaucht, weil Boote sich nach neueren Bestimmungen nicht mehr unbegrenzt am Shark und Jolanda Reef aufhalten dürfen. Seit aber immer mehr den individuellen Charakter dieses Tauchgangs erkannt haben, stellt er zunehmend eine echte Alternative dar.

_____ Leicht erkennbar sind die Keys an ihrer typischen, auffälligen Farbgebung, die sich in Nuancen von Aquamarin, Türkis

Eine Schwarzkoralle (links) und eine seltene Hornkorallenart leben hier in der zeitweise starken Strömung auf ca. 40 m Tiefe.

und anderen Blautönen deutlich von der übrigen Landschaft abheben. Am besten zeigt sich dieses Schauspiel aus der Luft während eines Rundflugs. Eine weitere Besonderheit ist die Stille. Kein anderer Tauchplatz ist so vor der hohen und »lauten« See geschützt. Wenn der Motor erst einmal abgeschaltet und das leise Platschen des Wassers am Rumpf zu hören ist, findet jeder sofort die totale Entspannung.

_____ Die Außergewöhnlichkeit dieses Tauchgangs beginnt gleich unter der Wasseroberfläche. Diesmal sind es nicht die Farben, sondern die Eingänge ins Riff, die sich von allem bisher Gebotenen unterscheiden. Wie in einer anderen Welt sehen wir die Wände mit einer hellen Schicht überzogen, die an dicken Rauhreif im Winter erinnert. Weiter im Riff, über sandigem und teilweise mit Seegras durchzogenem Grund, finden wir vielleicht einige Rochen oder einen Manta, der hier insbesondere im Frühjahr im flachen Wasser das Plankton abschöpft.

_____ Bisher sind wir nicht tiefer als 3 Meter getaucht; nun wollen wir uns auch noch den Rest ansehen. Dabei stoßen wir auf zwei weitere Ungewöhnlichkeiten: Je nach Wasserstand kann es vorkommen, daß wir eine sehr (!) starke Strömung nach unten haben. Diese Strömung ist kalt und nur auf einige Meter am Riff begrenzt. Die entstehende thermische Sprungschicht macht klares Sehen unmöglich.

_____ Die zweite Rarität ist von außergewöhnlicher Schönheit, jedoch nur jenen vorbehalten, die Erfahrung im Tieftauchen haben. Unterhalb von 30 Metern nämlich finden wir eine besonders schöne Hornkorallenart in einer für dieses Gebiet einmaligen Farbgebung.

_____ Zwischen all diesen Erlebnissen bleibt dann noch viel Raum für eigene Entdeckungen. Lassen Sie sich überraschen!

Buschig verzweigt ist diese Peitschenkoralle an den Keys.

Wer Glück hat, kann auch das erleben: Ein Manta zum Anfassen nahe. Deutlich sichtbar die ihn begleitenden Schiffshalter.

Die überwachsene Schraube und ein Teil des Ruders der gesunkenen »Dunraven«.

33 Dunraven (Beacon Rock)

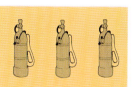

1979 wurde das über einhundert Jahre alte Wrack der »Dunraven« entdeckt. Seitdem entwickelt es sich immer mehr zu einem der berühmtesten Tauchgänge im Roten Meer und wird regelmäßig von Booten angesteuert. Die Fahrzeit von Sharm aus beträgt 1½ Stunden und 2½ von Na'ama Bay.

_____ Ein Festankerplatz ist nördlich in ungefähr 150 Metern Entfernung eingerichtet. Bei ruhiger See ist es kein Problem, die Strecke zu schwimmen. Wenn aber der Wind das Meer aufwühlt und noch Strömung dazukommt (meist Gegenströmung!), gehen manche Tauch-Guides dazu über, vor Tauchbeginn das Wrack zu suchen und eine Leine an dessen Schraube zu befestigen.

_____ Man nimmt an, daß der Dampfer, der zusätzlich mit Segeln bestückt war, mit seiner Kräuterladung sofort nach dem Aufprall auf das Riff sank. Seitdem liegt das 90 Meter lange Schiff, das sich auf der Fahrt von Bombay in Indien nach Newcastle in England befand, kieloben immer noch genau an derselben Stelle, wo es im März 1876 unterging.

Taucher schweben entlang des Bootsrumpfes des Wracks.

Damals schon brach es in zwei Teile auseinander, die wir heute auf 28 Metern (Schraube) und auf 18 Metern (Bug) inspizieren können.

_____ Ein typisches Tauchprofil beginnt mit dem Abtauchen an der Schraube. Sie tauchen an der äußeren Seite des Rumpfes (vom Riff weg) knapp über dem Boden und bemerken nach etwa 10 Metern eine Öffnung. Hier, wo wahrscheinlich die Verrottung ein großes Loch geschaffen hat, können Sie mit Ihrer hoffentlich mitgebrachten Lampe ins Innere leuchten und die jüngsten Bewohner des Schiffes begrüßen. Unter ihnen sind gewiß auch ein paar Zackenbarsche.

_____ Vorsicht: Es gibt zwar einen Durchgang bis zur Bruchstelle, das Wrack ist jedoch nicht sicher! Auch mit ausreichendem Training und bei guter Vorbereitung ist ein Eindringen in das Wrack mit nichteinschätzbaren Gefahren verbunden.

_____ Weiter am Bewuchs des Rumpfes entlang, erreichen Sie bald die Bruchstelle, wo Sie die größte Attraktion erwartet. Tausende kleiner Glasbarsche huschen hier durch die Öffnung. Wie mit einem Faden verbunden, bewegen sie sich absolut simultan, jagen vom Licht ins Innere und wieder zurück ins Blau – phantastisch!

_____ Nun geht es dem Bug entgegen, vorbei an weiteren Löchern mit Einblicken und weiteren Glasbarschen und vielleicht auch mehreren Riesenmuränen, bis Sie dann langsam, der Oberfläche näherkommend, die Riffwand studieren können. Auf 5 Metern sehen Sie alles, was es zu sehen gibt. Nutzen Sie die Gelegenheit und geben Sie Ihrem Körper die Möglichkeit, sich von dem überschüssigen Stickstoff zu befreien.

_____ Wir hoffen, dieser Wracktauchgang wird Ihnen gefallen, auch wenn die Sicht unter Umständen etwas eingeschränkt sein kann.

Wo das Wrack zerbrach, haben sich künstliche Höhlen gebildet, die jetzt von Tausenden von Glasbarschen frequentiert werden.

Bildnachweis
Alle Fotos von Axel Schulz-Eppers.

Die Deutsche Bibliothek –
CIP-Einheitsaufnahme

Rotes Meer: Sharm el-Sheikh;
von Tiran bis Ras Muhammad/
Larry James; Axel Schulz-Eppers. –
München; Wien; Zürich:
BLV, 1994
(BLV Tauchführer)
  ISBN 3-405-14686-0
NE: James, Larry; Schulz-Eppers, Axel

Gedruckt auf chlorfrei gebleichtem Papier

BLV Verlagsgesellschaft mbH
München Wien Zürich
80797 München

Das Werk einschließlich aller seiner Teile ist urheberrechtlich geschützt. Jede Verwertung außerhalb der engen Grenzen des Urheberrechtsgesetzes ist ohne Zustimmung des Verlags unzulässig und strafbar. Das gilt insbesondere für Vervielfältigungen, Übersetzungen, Mikroverfilmungen und die Einspeicherungen und Verarbeitung in elektronischen Systemen.

© 1994 BLV Verlagsgesellschaft mbH, München

Umschlaggestaltung: Zero Grafik & Design, München
Karten: Viertaler+Braun, Grafik+DTP, München
Layout: Peter Fruth, Verlags- und Druckservice
Herstellung: Peter Rudolph
Satz: Setzerei Vornehm GmbH, München
Reproduktionen: DCS, Eching a. A.
Druck: Appl, Wemding
Bindung: Bückers GmbH, Anzing

Printed in Germany · ISBN 3-405-14686-0

Eintauchen
in neue Welten

Patrick Mioulane/Raymond Sahuquet
Tauchparadiese
Die 80 Traumziele rund um die Welt
Faszinierender Bildband voller Abenteuer und
Entdeckungen: die schönsten Tauchplätze mit
allen Unterwasserattraktionen; Meeresbiologie,
Tauchtechnik, Unterwasserfotografie, Reisetips.

Patrick Mioulane/Raymond Sahuquet
Tauchparadies Karibik
Die 80 schönsten Tauchplätze
Die tropische Unterwasserwelt der Karibik – von
Florida und den Bahamas über die Großen und
Kleinen Antillen bis zur Maya-Küste – mit
außergewöhnlichen Farbfotos und hochaktuellen
Praxistips zur Reiseplanung.

Rudi Marquart/Hanno Thallmair
Tauch Know-how
Ausrüstung, Technik, Praxis
Planung, Vorbereitung und Durchführung von
Tauchgängen: physikalische Gesetzmäßigkeiten,
Geräte- und Ausrüstungstechnik, Sicherheit,
spezielle Anforderungen – z.B. beim
Nachttauchen, Wracktauchen, Eistauchen.

Rudolf B. Holzapfel
Richtig Tauchen
Tauchmedizin, Physik, Taucherkrankheiten,
Ausrüstung, Tauchpraxis, Tauchtauglichkeit;
empfohlen vom Verband Internationaler
Tauchschulen (VIT).

Carl Roessler
Die großen Riffe
Eine Reise rund um die Erde: Farben- und
Formenreichtum der Unterwasserwelt in
faszinierenden Farbfotos; prägnante
Informationen über die interessantesten
Tauchplätze und das Leben der Riffbewohner.

Dieter Eichler
Tropische Meerestiere
Rotes Meer, Seychellen, Komoren, Mauritius,
Malediven, Thailand, Philippinen.
Bestimmungsbuch für Taucher und Schnorchler
Fische, Schwämme, Quallen, Korallen, Schnecken,
Muscheln, Krebstiere, Seeigel, Seesterne: Erkennungsmerkmale, Vorkommen und vieles mehr.

Im BLV Verlag finden Sie Bücher zu folgenden Themen: Garten und Zimmerpflanzen • Natur • Heimtiere • Jagd • Angeln • Pferde und Reiten • Sport und Fitneß • Tauchen • Reise • Wandern, Bergsteigen, Alpinismus • Essen und Trinken • Gesundheit, Wohlbefinden, Medizin

 Wenn Sie ausführliche Informationen wünschen, schreiben Sie bitte an:
BLV Verlagsgesellschaft mbH • Postfach 40 03 20 • 80703 München
Telefon 089/12705-0 • Telefax 089/12705-543